나와 가족 그리고 가까운 이들을 그냥 좋아하기

나와 가족 그리고 가까운 이들을 그냥 좋아하기 : 정화스님 마음강의

발행일 초판2쇄 2020년 3월 30일(庚子年 己卯月 壬申日) | **지은이** 정화
펴낸곳 북드라망 | **펴낸이** 김현경 | **주소** 서울시 종로구 사직로8길 24 1221호(내수동, 경희궁의아침 2단지) |
전화 02-739-9918 | **이메일** bookdramang@gmail.com

ISBN 979-11-90351-13-3 03190 | 이 도서의 국립중앙도서관 출판예정도서목록(CIP)은 서지정보유통지원시스템 홈페이지(http://seoji.nl.go.kr)와 국가자료종합목록 구축시스템(http://kolis-net.nl.go.kr)에서 이용하실 수 있습니다.(CIP제어번호: CIP2020000965) |

정화스님 마음강의

나와 가족
그리고
가까운 이들을

그냥 좋아하기

정화
지음

BookDramang
북드라망

머리말
공감을 넘어 그냥 좋아하기

10여 년 전에 10대 후반에 사업을 시작해 어느 정도 자리를 잡은 청년이 TV에 나와서 "어르신들께선 저희 세대를 이해할 수 없을 것입니다. 그러니 그냥 지켜보면서 응원해 주시면 좋겠습니다"라고 하는 이야기를 들은 적이 있습니다. 아마 그 역도 마찬가지겠지만, 뒷물이 앞물을 밀면서 앞물이 되어 가는 강물의 흐름처럼, 세대간에 이루어지고 있는 다른 생각의 흐름도 거스를 수 없겠지요.

예를 들면, 밀레니얼세대의 신입사원이 9시에 출근한 것을 본 선배가 "최소한 10분 전에는 출근해야지"라고 하자, 신입이 "정시에 출근하면 되지 왜 10분 전까지 출근해야 합니까?"라고,

자신의 의사를 분명하게 밝혔다는 일을 들 수 있겠습니다.

이와 같은 일이 세대간에만 일어나는 일이 아닐 것입니다. 어쩌면 개인마다 매일매일 겪고 있는 마음의 변화를 보면, 어제의 내가 오늘의 나에게 오늘의 내가 어제의 나에게 그런 말을 하고 있을 수도 있다는 것입니다.

이해되는 것 같기도 하지만 결코 이해할 수 없는 일이 나와 가족 그리고 가까운 이들에게 홀연히 일어나기도 하는 것이 삶의 흐름이라는 것이지요. 흐름으로 보면 하나의 강을 이루는 것 같지만, 흐르는 물이 맞이하고 있는 온갖 인연에 의해 물속의 사정이 한 번도 같을 수 없어, 흐르면서 다른 물이 되어 가는 것처럼.

삶의 흐름이 이렇다 보니 나와 가족 그리고 가까운 이들 사이에서 일어난 일 가운데 공감할 수 있는 것은 공감하고 공감할 수 없는 것은 그것 자체로 존중하며, 해야 할 일은 하고 해서는 안 될 일은 하지 않으면서도 그냥 좋아하는 연습을 하는 것이 스스로와 스스로의 삶을 좋아하고 존중하는 토대를 만드는 일이 된다고 하겠습니다.

'남산강학원'과 '감이당' 식구들과의 인연으로 두 달에 한 번씩 이런저런 주제에 대한 저의 생각을 이야기해 줬으면 좋겠다는 제안을 받아들이게 됐고, 아울러 제 이야기를 들어 보기 위해 찾아와 주신 분들이 계셨기에 여러 해 동안 '선물 강좌'라는 과분한 타이틀을 단 강의를 이어 올 수 있었습니다.

이 책은 그 가운데 몇 개의 주제를 북드라망 식구들의 도움을 받아 정리한 것입니다. 인연 있는 모든 분들께 감사드립니다. 모두들 건강하고 평안하며 행복하십시오.

정화 합장

차례

도반이란 무엇인가? 96

우리는 어떻게 일하게 될까? 124

발심이란 무엇인가?

자신만의 생각길 만들기

신문에 난 '코딩'에 대한 기사를 읽었는데, 그 내용은 '학생들한테 코딩 기술만을 가르치는 것은 맞는 것이 아니다. 프로그램이 표현하고자 하는 의미를 읽을 수 있는 생각의 힘을 길러야 한다'라는 것을 전제하면서, 그 첫머리에 스티브 잡스(Steve Jobs)의 "이 나라에 있는 모든 사람들은 컴퓨터 프로그램을 배워야 한다. 왜냐하면 그것이야말로 당신에게 생각하는 방법을 가르쳐 줄 것이기 때문이다"(Everybody in this country should learn to program a computer, because it teaches you how to think)라는 말을 인용했습니다.

중요한 것은 배우고 익힌 것을 토대로 자신만의 생각길을 만들 수 있어야 된다는 것입니다. 보르헤스(Jorge Luis Borges)는 '다른 사람의 글을 그대로 베껴 쓰는 것도 새로운 글이 된다'라는 이야기를 하고 있지만, 여기서도 방점은 베껴 쓰는 데 있다기보다는, 보르헤스에게 '새로운 글이 된다는 생각길'이 만들어졌다는 데에 찍혔다고 봐야 한다는 것입니다.

보르헤스의 이야기는 여러 사람이 같은 글을 읽는 경우라고 하더라도 읽는 사람의 생각과 만나 새로운 글이 탄생되고 있다는 것이겠지요. 그렇지만 자신의 생각을 가만히 들여다보면 그 내용에는 거대 권력과 자본 등이 만들어 놓은 요소들이 너무나 많습니다. 스스로의 선택인 것처럼 보여도 어떤 의미에선 그와 같은 선택을 하는 것이 자신의 선택인 양 느끼도록 내재화된 생각길이 만들어졌다는 것입니다. 각자의 생각길이 만들어질 때 학습과 환경 등의 영향이 크기 때문입니다.

태어나서 곧바로 생각길이 만들어지는 것이 아니라 25세를 전후해서 샛길까지 만들어져야 생각의 지도가 완성된다고 할 수 있지만, 그 이후로도 뇌의 가소성 덕분에 기존의 생각길이 사라지기도 하고 새로운 생각길이 만들어지기도 하는데, 그때마다 외부의 영향을 무시할 수 없다는 것입니다(그렇기는 해도 마음을 바꾸기가 쉽지 않다는 것을 매일매일 실감할 것입니다).

이 말은 자신의 생각을 만들어 내는 생각길이 온전히 자신만의 길이면서도, 그 길을 자신만이 만든 것이 아니라는 것이며, 진화를 통해 사람은 자신의 생각을 반조(反照)할 수 있는 공능을 갖추게 됐으므로, 이 공능을 토대로 비판적 안목을 갖춘다면 생각의 자유도를 높일 수 있다는 것입니다. 그러므로 생각의 자유도를 높이는 것이야말로 인간이 다른 종에 비해 특화된 특징을 잘 활용하는 것이라고 할 수 있겠지요.

인간에게 이와 같은 특징이 있기에 보르헤스의 말처럼 그냥 베껴 쓴 글조차 새로운 글이 된다고 이야기할 수 있다는 것입니다. 베껴 쓰는 사람의 내적 율동이라고 할 수 있는 생각길의 공명이 고유한 무늬를 만들어 내기에 자신만의 의식적인 해석이 일어날 수 있다는 것이지요. 다른 사람과 비교했을 때뿐만 아니라 자신 스스로에게도 같은 단어가 다른 뜻으로 해석되고 있는 경우가 있다는 것이 이를 증명한다고 하겠습니다.

사람들의 인지시스템이 이렇기 때문에 거대 권력(정치, 경제, 종교 등)은 개인의 내부 공명파조차 지배하려고 합니다. 잡스의 말처럼 다양한 생각의 방법을 익혀(자유로운 관점 이동) 자기의 생각을 따져물어 볼 수 있어야 생각을 한다고 할 수 있다는 것도 이 때문일 것입니다. 같은 글도 다른 글로 익히는 자신만의 해석과 리듬을 갖추는 것이 중요하다는 것이지요.

우리 속담에 '아' 다르고 '어' 다르다고 한 것처럼 언어의 연결망을 자신이 만들 수 있어야 한다는 것입니다. 만들어진 연결망만을 반복해서 사용하려는 것은 코딩 기술만을 익힌 것과 같다는 것이며, 유연하게 연결망을 조율할 수 있는 공능을 갖추어야 생각하는 방법을 익히는 사람이라고 할 수 있다는 것입니다.

생각의 기반

생각의 기반이라고 할 수 있는 기억정보는 경험 그대로 기억되어 있는 것이 아니라 경험을 작은 조각으로 나누어서 저장하고 있는 것과 같습니다. 이 조각을 기억의 자모음이라고 이름할 수 있습니다. 생각한다는 것은 이들 자모음을 연결해서 내부이미지가 만들어지고 난 연후에 그 이미지를 의식하게 되는 사건이라고 할 수 있는데, 이 과정에서 거대 권력이 교육과 광고 등을 통해 제시한 내용을 비판적으로 살펴보는 방법을 갖추지 못한다면 코딩 기술이 뛰어나다고 해도 생각하는 사람이라고 하기는 어렵다는 것입니다.

의식한다는 것은 특정 패턴으로 작용하는 기억의 자모음들이 공명했다는 것이며, 공명이 잘 된다는 것은 연결 지점의 특정 단백질의 강도가 단단해졌다는 것인데, 자주 듣고 보는 것과 상응하는 길에 있는 단백질이 단단해질 것이기에, 반조하지 않고 듣다 보면 사실이 아닌 것조차 사실처럼 들리게끔 되기 때문입니다(가짜뉴스가 횡행할 수 있는 것도 이 때문이며, 듣고 싶은 것만 듣게 되는 것도 이 때문입니다).

수용된 정보가 그 자체로 의미를 갖는 것은 아닙니다. 심상이 만들어지고 해석되어야만 비로소 의미를 갖게 되는데, 이때 단단해진 단백질의 배선망이 심상 만들기에 참여할 확률이 높고, 의미를 갖는 의식 대상을 만들 확률도 높다는 것입니다. 사건·사물을 있는 그대로 재현해 의미를 갖게 하는 것이 아니라 기억의 자모음을 가지고 재구성한 심상이 재현된 이미지가 되며 해석된 내용이 된다는 것이며, 심상을 의식한다는 것은 상속되는 기억정보를 강화하는 일도 된다는 것입니다.

재현된 영상을 통해서 의식작용이 일어난다는 것은 수용된 정보를 일목요연하게 재구성해 의미를 갖게 한다는 것이며, 의미를 만들어 내지 못하면 의식될 수 없다는 것을 뜻합니다. 수용된 정보들을 내부에서 재현하지 않으면, 말을 할 수도 없고 생각을 할 수도 없다는 것이지요.

내부영상을 만들 때, 곧 의미를 갖는 심상을 만들 때 과거의 경험정보인 기억의 자모음이 주도적인 역할을 하게 됩니다. 이 역할을 하는 정보를 기억의 자모음이라고 하는 것은, 기억된 과거의 영상이라고 하더라도 과거의 경험이 그대로 드러나는 것이 아니라 기억의 자모음을 재구성해 만든 영상이기 때문입니다.

우리가 경험했던 많은 사건들을 기억한다는 것은 사건 그 자체를 그대로 간직하고 있다가 회상하는 것이 아니라는 것입니다. 마치 문자의 자모음처럼 굉장히 많은 자모음, 크게 나누면 신피질에도 180개의 자모음(180개의 영역)이 있다고 할 수 있고, 작게 나누면 각 영역에만도 수백만 개의 모듈이라고 하는 자모음이 있다고 할 수 있는데, 수용된 사건에 따라 특정 자모음들이 모여 이미지가 만들어져야 과거와 현재의 사건처럼 이해하게 된다는 것입니다(이와 같은 자모음은 쉼없이 내외부[內外部]의 감각자료가 모이는 시상에 자신이 갖고 있는 특정 정보를 되먹임하면서, 외부에서 수용된 정보를 해석하는 데 참여합니다. 더 놀라운 것은 시상은 외부에서 온 정보와 내부에서 온 정보를 비교하여 차이값이 없다고 판단되면 기존 정보로만 이미지를 만들게 하며, 차이값이 있을 때만 그 정보를 신피질로 보내 이미지를 만들 때 참여하게 한다는 것입니다).

생각한다는 것

생각한다는 것은 대부분 '과거의 변형들'이라고 할 수 있다는 것입니다. 생각이라는 사건만을 놓고 보면 지금 여기를 살고 있는 것이 아니라 재현된 과거를 현재로 여기면서 살고 있는 것과 같다는 것이지요. 그렇기 때문에 현재란 과거가 만들어 놓은 미래가 내부영상으로 떠오른 것이라고 볼 수 있습니다. 해석된 사건에 시간축도 개입돼 있다는 것입니다.

지금 우리들의 처지에서는 과거-현재-미래라는 시간축을 생각하는 것이 쉬운 일이면서 당연한 것처럼 보이지만, 실상은 뇌간을 중심으로 한 원시 뇌가 생기면서 지금 여기가, 해마가 생기면서 과거의 일이, 신피질이 생기고 나서도 수천만 년이 지나서야 미래가 사유 속에 들어올 수 있었다고 합니다(지금부터 약 6~7만 년 전). 그 이전에는 "내일 보자"라는 인사말이 있을 수 없었다는 것이지요. 내일을 예측하고 준비하는 일이 생존에 엄청난 이익을 가져다주기는 했지만, 다른 한편 생각대로 일어나지 않는 일이 잦아지면서 불안한 감정의 강도도 커지게 됐다고 합니다.

바람 없이 보기

불교에서 지혜로운 판단의 근거로 '바람 없이 보는 눈'을 들고 있는 까닭도 여기에 있다고 하겠습니다(無願三昧). 불안한 감정도 해석된 감정이면서 만들어진 감정이기에 불안한 마음상태를 주시하면서 마음 흐름만을 지켜보는 훈련을 하게 되면 감정을 해석하는 양상이 달라지고, 달라진 양상이 새로운 해석 통로를 만들기 때문입니다. 다만 기억정보를 바탕으로 재현된 현재의 불안은 불안으로 해석하는 과거의 요소가 현재 수용된 정보의 요소보다 훨씬 많이 개입되기 때문에 마음챙김을 한다고 해도 쉽게 그 불안으로부터 자유롭게 되기는 어렵습니다.

이것은 해석된 감정에만 해당되는 것이 아닙니다. 모든 지각 양상도 이와 같습니다. 사람의 시지각을 예로 들어 보면, 눈을 통해 수용된 시각정보가 시상을 통해 1차 시각피질에 맺힌 정보는 골격만 그려진 추상화와 같다고 하는데, 이 정보가 2차 이상의 시각피질에 전해지면(시상에서 2차 시각피질 등에 정보가 곧바로 전해진다고도 합니다), 빈 부분들을 기억정보와 비교하여 채워 넣기에 지금과 같이 보고 아는 것이 가능하다는 것이지요. 1차 시각피질에 맺힌 정보의 양은 수용된 정보보다 기억정보의 양이 6~10배 많다는 것이 이를 증명한다고 하겠습니다(시상에는 감각기관을 통해서 수용된 정보보다 신피질 등에서 보내온 정보가 6~10배 많다는 것입니다). 채워 넣는 정보 가운데 감정의 정보가 개입되어야 감정 상태도 있을 수 있다는 것이지요.

더구나 각자의 감정과 해석 내용은 그 자체로 유일한 세계상이 되기 때문에 누구와도 온전히 일치하는 모습과 감정이 있을 수 없다고 합니다. 생각길이 본래부터 각자 고유한 모습으로 이루어져 있다는 것이지요. 고유한 무늬 속에 들어 있는 공명의 양만큼이 상호이해되는 세계이기는 하지만, 곧 타고난 보편적인 지각 규칙이 있기에 상호이해가 가능하기는 하지만, 그조차도 완벽한 공명이 본래부터 이루어질 수 없기에, 고유한 자신의 생각길이 만들어진다는 것입니다. 학습이 중요하기는 하지만(생각길의 3분의 1이 환경의 영향을 받아 만들어지기 때문입니다), 학습된 내용조차 기존의 정보와 상호작용하면서 고유한 자기의 색깔이 만들어지게 된다는 것이지요.

변해 가는 세상을 그대로 이해하는 것이 아니라 이해한 것이 '있는 세상'이 된다는 뜻입니다. 일란성 쌍둥이조차 생각의 지도가 다르다고 하니 생각의 지도만큼 많은 세상이 있다고 하겠으며, 세상에 대한 단 하나의 정답을 알려고 하는 일이 부질없는 일이 될 수밖에 없는 까닭도 여기에 있겠지요. 하나의 세상이 있고 그 세상을 함께 살아가는 것처럼 보여도, 실제로는 각자의 고유한 세계상으로 중첩된 세계상을 해석하면서 살아간다는 것입니다.

예를 들어 맹물을 0.001mm로 분사시키면 RNA가 되는 기본물질이 저절로 만들어진다는 사실에서도, 세계상이 어떻게 만들어지는가를 유추해 볼 수 있다고 하겠습니다. 이를 물분자의 변형이라고 이야기할 수도 있지만, 물분자라는 정보의 융합환경이 다른 환경으로 변하면서 새로운 정보연합물이 창발적으로 발생됐다고 이야기할 수도 있다는 것입니다.

변해 가는 정보의 융합 — 사건

낱낱 사건·사물이 발생되고 사라지는 듯이 보이지만, 실제로는 정보의 융합 현상이 찰나찰나 바뀌면서 새로운 현상이 나타나는 것이 그 순간의 사건·사물이 된다는 것입니다. 사건·사물들을 이루는 주체가 있어 그렇게 하는 것이 아니라 관계망을 이루는 기초 단위의 정보들이 늘 그렇게 한다는 뜻입니다. 이와 같은 흐름을 옛사람들은 자연이라고 이야기했습니다. 스스로 그렇게 융합하면서 낱낱 사건들이 되어 간다는 것이지요.

지구상에 생물이 탄생한 것도 정보의 활동 양상이 달라질 수밖에 없는 태양계의 변화와 지구환경의 변화, 곧 정보의 장이 펼치는 춤선이 달라지면서 그렇게 나타났다는 것입니다. 처음부터 주체로서의 어떤 것이 그 모습 그대로 나타난 것이 아니라는 뜻입니다. 생명계 그 자체인 정보의 장 자체가 율동하면서 찰나찰나 사건들을 만들고 해체해 간다는 것이지요.

해저 열수구는 마그마층의 열기에 의해서 800℃ 정도 되는 샘물이 분출되는 곳인데, 이 환경이 뜻하지 않게 탄소·수소 등을 묶어 내는 힘으로 작용하면서 생명체가 탄생하게 된 것 또한 필연과 우연이 만나 추게 되는 자연의 춤 가운데 하나라고 하겠습니다. 그렇기 때문에 물질과 비물질, 생명과 비생명의 경계 또한 모호합니다. 경계 지을 수 있는 듯하지만 실제로는 매 순간 관계망의 양상이 바뀌면서, 곧 경계가 바뀌면 찰나 전까지의 정보가 다른 정보들과 융합하면서 새로운 사건을 만들어 가기 때문입니다.

순간순간 새로운 사건들이 일어나고 사라진다는 것은 시공간을 만들어 내는 양자장이 추는 춤의 양상이 잠시도 같지 않은 것과 맥이 닿아 있다고 하겠습니다. 더구나 양자 물질의 춤이 생물의 유전적 변이를 일으키는 데 상당한 영향을 미치고 있는 것 같다는 연구결과를 보더라도 사건·사물을 규정하는 경계선이 대단히 모호하다고 할 수밖에 없습니다. 이는 사건·사물의 정체성을 획득하고 이를 언어화하는 일이 사건·사물의 정체성을 왜곡하는 일이 될 수 있다는 것입니다. 우리의 감각기관이 사건·사물의 정보를 감수하는 방법과 이를 해석하는 방법이 사건·사물의 실상을 가리는 일도 된다는 것이지요.

사건·사물의 언어화 — 존재의 탄생

하나의 이름 속에는 그 이름의 실재를 규정하는 실체가 있다고 할 수 없는데도 언어의 의미가 갖는 경계 나눔이 사건들의 실상을 알 수 없게 한다는 것입니다. 언어를 쓰는 순간, 분명한 경계짓기가 시작된다는 것이며, 이는 사건들의 실상을 보는 것이 아니라 추상된 언어의 이미지를 보는 데 지나지 않는다는 것입니다. 예를 들어 방석이라는 사물과 방석이라는 이름의 관계를 보더라도, 우리는 여러 가지 인연으로 방석이 되어 있는 사건으로서의 방석을 보는 것이 아니라, 모든 인연이 사상된 상태로서 방석이라는 언어이미지에 상응한 방석을 보고 있다는 것입니다.

사건으로서의 방석은 여러 가지 인연들이 방석으로 되어 갔으며 방석이 되는 순간 다시 방석을 해체하는 사건들이 일어나고 있는데도(이를 방석의 무상성이라고 합니다), 언어에 상응하는 방석은 그 자체로 존재하는 사물과 같다는 것입니다(이것이 방석의 존재성입니다). 사건을 언어화하여 존재화하는 순간 사건의 실상과 어긋나는 길을 만들고 만다는 것입니다.

그렇기 때문에 분별 이미지에 대한 집착을 내려놓을 때 방석의 중첩성(방석이라는 사건을 만드는 데 참여한 모든 사건들을 고려할 때 방석은 그 자체로 존재하지 않는다, 방석의 무아성)이 보이며, 더 나아가 내려놓은 심리상태가 방석과 다른 양상으로 접속하기 시작합니다(되어 가는 사건으로서의 방석, 이를 무상성이라고 합니다).

좌선 수행 중에 일어났던 개인적인 경험을 예로 들어 보겠습니다. 몸과 마음에서 일어나는 현상들을 알아차리는 마음챙김을 하고 있을 때였습니다. 어느 순간 몸의 느낌이 달라져 눈을 떠보았는데(저는 좌선수행 중에는 주로 눈을 감고 있습니다),

보이는 것마다 빛나고 있었습니다. 선방 앞에 있는 정원의 나뭇잎들이 발광체가 된 듯 초록빛 연둣빛을 발산할 뿐 아니라 다른 것들 또한 제 빛을 비추고 있는 사건이 발생한 것입니다. 마음집중을 내려놓으면 예전과 다름없고, 마음챙김을 이어 가면 빛의 세계가 생겨났습니다.

마음의 조건이 접속하는 세계상을 바꿨다고 할 수도 있고, 일상의 이미지 속에 들어 있는 다양한 색깔을 마음의 조건 따라 다르게 경험했다고 할 수도 있겠지요. 이와 같은 경험은 하나의 세계상이 있는 것이 아니라는 것을 직접적으로 알게 했습니다. 갖가지로 변하는 사건들이 중첩된 현장에서 마음의 조건 따라 접속하는 현상이 달라진다는 것을 알게 한 경험입니다.

앎을 리셋하기

우리들이 만나는 사건·사물들의 실상은 중첩된 사건이면서 되어 가는 사물이라는 것입니다. 중첩된 가운데 '무엇을 보는가'와 되어 가는 것 가운데 '어느 부분을 절단해 보는가'가 지금 여기를 보는 방법이면서, 사건·사물을 왜곡하는 집착 이미지를 만드는 일도 된다는 것이지요. 그렇기에 불교에서는 사건·사물을 보는 새로운 안목으로 연기법과 공(空)을 이야기했습니다. 방석이 있는 것이 아니라 온갖 인연이 만나 방석이 되기 때문에(연기법, 공) 방석이라는 실체는 없다는 것이며(無我), 되어 가는 사건들만 있다는 것입니다(無常).

집착을 내려놓아야 할 당위성을 설명한 것입니다. 곧 '무슨 마음을 쓸 것인가'(發心)가 자신의 삶을 정하는 데 결정적인 역할을 한다는 것이지요. 그래서 생각하는 일이 중요하다고 앞서 말씀드렸습니다. 이미 만들어진 프로그램만을 사용할 것인가, 아니면 프로그램을 새롭게 만들 것인가가 생각의 내용과 삶의 양상을 결정한다는 것입니다.

언어 개념을 만들어 사건을 사물화하는 것이 어느 정도까지는 유용하겠지만, 사물화하는 순간 실상과 어긋나는 생각의 좌표를 설정한 것과 같고, 한번 설정된 좌표는 쉽게 이동되지 않기에 삶의 흐름과 생각의 색깔이 달라지면서 현재를 불만족스럽게 만드는 기제가 되기 쉽다는 것입니다. 그럼에도 불구하고 이미지를 내려놓지 못하고 그 이미지를 집착하는 일이 사건·사물을 경계 지어 분별하는 일이 되면서 불만족한 삶을 만드는 토대가 되고 맙니다. 그렇기에 물질의 양자적 조건이나 물의 분사, 그리고 마음의 조건에 따라 이전 이미지의 경계가 해체되고 새로운 이미지로 경계를 넘어서는 일이 일어난다는 것을 말씀드렸습니다. 집착 없이 다양하게 생각할 수 있는 생각의 알고리즘을 만들어 가야 된다는 뜻입니다.

아는 것도 중요하지만 앎을 리셋하는 일을 게을리하지 않는 것이 생각하는 방법을 배운다는 것이며, 생각을 제대로 할 수 있는 공능을 갖추게 된다는 것입니다. 더구나 생각은 무형물로 지나가는 거품이 아니라 자신의 생각길로 체화되므로 잘못 설정된 생각의 알고리즘은 계속해서 자신을 자신의 삶에서 소외시키고 맙니다. 특정 이미지에 경도된 것이 좋은 예입니다. 경도됐다는 것은 익숙한 생각의 알고리즘이 작동한 것이기에 사건·사물을 해석하는 데 힘이 들지 않을 수는 있지만, 이는 생명 흐름과 어긋나는 사유, 곧 집착의 강도만을 높이는 사유이기에 괴로움을 발생시키는 토대를 튼튼하게 쌓는 일이 된다고 하겠습니다.

그렇기 때문에 생각의 힘을 기르기 위해서는 먼저 집착을 내려놓는 연습을 해야 합니다. 내려놓는 연습이 기존의 생각길을 정비하고 비우는 일도 되면서 새로운 생각길을 코딩하는 바탕이 된다는 것입니다. 집착심이 줄어드는 만큼 유연한 생각의 알고리즘을 만들 수 있다는 것이지요. 그렇기에 걸림 없는 마음을 쓰려면 생각의 양상, 곧 의식화되는 인지시스템을 먼저 이해해야 합니다. 마음이 접속된 사건·사물을 있는 그대로 인지하고 있는 것처럼 보여도, 실제로는 과거가 만든 미래가 현재로 발현된 것을 현재의 사건·사물이라고 인지하고 있기 때문입니다.

이 말은 의식된 것들, 곧 해석된 사건·사물들은 의식되기 0.2~0.5초 전에 그렇게 의식될 수밖에 없도록 무의식층이 정리해 놓은 내부영상이라는 뜻입니다. 무의식층이 내외부에서 수용된 감각자료를 가지고 의식될 수 있는 영상을 만들어 놓은 것 가운데 주의가 기울여진 것이 의식된다는 것이지요. 이야기가 옆길로 빠지는 것이 좋은 예라고 하겠습니다. 이것이 뜻하는 것은 내부영상은 하나만 있는 것이 아니라 수많은 버전이 중첩된 양상으로 있는데, 그 가운데 하나가 선택되어 의식되는 영상이 된다는 것입니다.

따라서 발심한다는 것은 어느 영상에 주의를 기울일까를 정하는 일이라고 할 수 있지만, 더 중요한 것은 자신이 원하는 일이 일어나기를 바라는 마음을 내려놓는 것이라고 하겠습니다. 되어 가는 사건에 스며 있는 필연과 우연의 조건이 헤아릴 수 없이 많기 때문입니다. 발심의 첫 걸음은 바람 없이 마음의 흐름을 있는 그대로 지켜보는 것으로부터 출발한다는 것입니다. 의식이 작용하는 양상에는 만들어진 이미지에 현혹되지 않고 사건·사물을 볼 수 있는 공능도 있기 때문이며, '좋은 것'과 '좋아하는 것', '아픈 것'과 '괴로워하는 일'을 분리해 좋아하거나 싫어하지 않고도 볼 수 있는 공능이 있기 때문입니다. 이와 같은 공능이 있기에 생각길이 변할 수 있겠지요.

발심의 공능

그렇기에 발심은 의식적으로 특정 색깔을 만드는 일과 특정 색깔에 현혹되지 않는 공능을 기르는 일로 나누어 이야기할 수 있습니다. 이때 첫번째로 주의를 기울여야 할 것은, 거듭 말씀드리지만, 그 일이 뜻대로 일어나지 않더라도 좋아하거나 싫어하지 않고 생각의 흐름을 있는 그대로 보는 것입니다.

그렇게 해야 하는 까닭은 접속된 감각자료를 해석할 때 체화된 기억정보를 바탕으로 하기 때문입니다. 새로운 기억정보가 만들어지지 않는다고 하면 지금까지와 다른 해석을 하기가 쉽지 않다는 것이지요. 이와 같은 인지시스템은 우리들로 하여금 발심을 어떻게 지켜 가야 할 것인가를 가르쳐 줍니다. 마음챙김 연습이 깊어져 아픈 일을 괴로워하지 않고 지켜볼 수 있어야 괴로움이라는 사건의 실상을 깨닫게 된다는 것입니다. 이는 무의식이 기존의 기억정보를 가지고 새로운 패턴을 만들었다고 할 수도 있고, 마음챙김이라는 기억정보에 의해서 자신의 미래가 새롭게 만들어지고 있다고 할 수도 있습니다.

마음을 챙긴다는 일이 일어난 생각을 지켜본다는 것에만 국한되는 일회적 사건이 아니라는 것입니다. 생각길인 뇌신경망의 배선 양상을 바꾸기도 한다는 것입니다. 어떤 길은 불과 몇 십 분 만에 새로 생긴다고도 합니다. 그러므로, 생각의 색깔을 고요히 들여다보고 들뜨지 않는다고 하면 들뜨지 않는 생각길을 강화하는 내부운동이 된다고 하겠습니다.

마음을 쉰다는 것은 익숙한 생각길을 따라가지 않고 무의식이 펼치는 다양한 길들을 보는 일이 되므로, 마음챙김의 강도와 마음쉼의 경험만큼 다양한 세상과 접속하면서 다른 자기를 실현할 수 있게 된다는 것입니다. 이 마음은 다가올 미래를 특정한 원으로 맞이하지 않는 것과 같습니다. 그렇게 되면 자신의 바람을 저버릴 미래를 만들 확률이 적게 됩니다. 하나의 정체성으로 자신을 규정하지 않는 것이야말로 온갖 인연이 중첩되어 흐르는 생명흐름과 상응하는 삶을 살아갈 수 있는 폭을 넓히는 것과 같습니다.

그러므로 생각의 폭을 넓힌다는 것은 다양한 생각을 만들어 내고 있는 뇌신경망의 배선도에 집착하지 않는 배선을 강화하는 것이 됩니다. 이것은 되어 가는 사건들을 있는 그대로 보는 신체를 만드는 일입니다. 그러다가 특정 임계점을 넘게 되면 노력을 기울이지 않아도 저절로 사건·사물을 있는 그대로 보게 되면서 불필요한 번뇌를 만들지 않는 생각길이 단단하게 확충됩니다. 단단하게 확충된다고 말씀드리는 것은 실제로 시냅스의 연결 부위에 있는 특정 단백질이 단단해져야, 그 통로의 기억정보를 보다 쉽게 쓸 수 있기 때문이며, 하나의 생각에 스며 있는 감정, 언어 분별 등등의 통로에 있는 단백질도 함께 강화되어야 의미를 만드는 패턴망의 공명 작용이 활발해지기 때문입니다.

수행 — 인지 패턴의 전환

마음챙김을 한다는 것은 만들어진 이미지에 흔들리지 않으면서 지켜볼 수 있는 회로를 만들거나 강화시켜 보다 쉽게 사건·사물의 실상을 있는 그대로 알아차리게 하는 연습이라고 할 수 있습니다. 거울과 같은 마음이 심상을 알아차리는 것처럼 보여도 실제로는 신경망의 패턴 연결이 의식되는 현재의 사건을 규정하기 때문입니다.

그렇기에 수행은 생각하고 말하며 행동하는 시스템을 이해하고, 번뇌를 발생시키지 않는 쪽으로 시스템의 구조를 전환하는 것이라고 할 수 있습니다. 수행으로 인지시스템의 구조가 전환된다는 것은 미래를 지향하는 기억의 조각들이 모여 현재를 재구성할 때 불안 등의 심리요소들이 개입하지 않게 되는 시스템을 강화한다는 것입니다. 의식되는 내부영상은 기억의 조각들이 유기적으로 정보를 주고받으면서 만든 것이기 때문에, 내부영상을 만들 때 특정 조각이 빠지거나 새로운 조각이 개입하게 되는 시스템이 만들어지면 익숙한 영상도 다른 감정으로 맞이할 수 있기 때문입니다.

수행은 의식되는 내부영상을 어떻게 볼 것인가로부터 출발하는 것처럼 보여도, 궁극적으로는 흔들리지 않고 지켜보는 그 마음이 우리의 신체를 흔들리지 않고 지켜볼 수 있는 신체로 만든 것과 같다는 것입니다. 기억의 조각들을 조립해 만들어진 내부영상을 지각하는 것만이 마음이 아니라 기억의 조각들이 유기적으로 정보를 주고받는 전 과정 자체가 마음의 활동이라는 것이지요. 수행으로 익힌 세상보기의 정보가 어느 정도 체화됐느냐가 자신의 미래를 만족스럽게 규정해 간다는 것입니다.

기억의 조각들을 기반으로 현재의 인연을 해석하고 있는 우리의 인지구조는 우리의 몸이 익숙하게 하고 있는 일이기에 의식이라는 사건이 크게 다가오지만, 실제로는 몸 그 자체가 기억의 창고이며, 세상과 접속하는 기반이며, 미래를 만들어 가는 유기체로서 작동되고 있다는 것입니다. 그러므로 수행,

곧 생각하고 말하고 행동하기를 닦는다는 것은 무의식층까지를 아우르는 인지시스템을 조율할 수 있는 공능을 갖추어 가는 것이라고 하겠습니다.

내외부와 유기적인 관계를 맺고 있는 우리 몸은 진화의 과정에서 외부의 정보를 수용하기 위해 다섯 가지 감각기관이 생겨났으며, 수용된 정보를 해석하기 위한 기관으로 뇌가 생겨났다고 보고 있습니다. 이 말은 감각기관이 수용하는 정보의 한계와 이 정보를 해석하는 내부의 한계가 우리들이 접속하는 세계가 될 수밖에 없다는 것입니다. 자외선이나 적외선이 지각되지 못하는 것도 이 때문입니다. 가시광선이나 가청주파수라는 개념은 그 영역만이 해석되는 영역이라는 것을 뜻한다는 것이지요.

예를 들어 시지각이미지가 만들어지는 과정을 보면, 망막에 수용된 정보가 시신경을 타고 시상을 지나 1차 시각피질에 도착하면, 그 가운데 어디(where)에 해당하는 정보는 뒤통수를 지나 머리 꼭대기의 두정엽 쪽으로 이동하고 무엇(what)에 해당하는 정보는 측두엽의 언어영역 쪽으로 이동하게 되는데, 이때 어디 통로는 그 정보가 '무엇'인지 알 수 없고 무엇 통로는 그 정보가 '어디'에 있는 줄 모르면서 각자의 기능대로 수용된 정보를 해석한 연후 이들 조각이 모여 최종 이미지가 만들어져야 의식되는 것과 같습니다.

아울러 의식된 심상은 단기기억을 담당하는 해마에 임시 저장됐다가 조각의 색깔에 따라 장기기억층에 저장되므로, 기억은 의식된 이미지가 그대로 저장되는 것이 아니라 기억의 자모음 형태로 저장된다고 말씀드렸습니다. 더 나아가 눈이 생기기 전에 형성된 지각통로도 내부영상을 만드는 데 참여하므로, 최종 시지각의 앎과 느낌에는 명징하게 잡히지 않는 느낌도 있게 됩니다. 의식된 내용에는 과거가 만든 미래가 광범위하게 들어 있다는 뜻입니다. 생각을 하지만 자신의 현재를 온전히 알아차린 생각이 되기 어렵다는 것이며, 현재의 인연과 어긋난 생각의 결만큼 자신의 삶이 답습된 지식이 만든 길을 걷는 것과 같다는 것입니다. 그렇기에 의식의 흐름에 따르던 습관적인 생각과 말과 행동을 잠시 멈추고(止), 그 흐름을 지켜보는 일(觀)이 필요합니다. 그냥 지켜보는 것도 중요하지만, 뒤따르는 생각에 무슨 색깔을 넣을 것인가를 적극적으로 생각해 보는 것도 중요합니다.

다음과 같은 실험이 좋은 예입니다. 실험실에서 한 그룹의 사람들에게는 긍정적인 말을 10여 분 들려주고, 다른 그룹의 사람들에게는 부정적인 말을 같은 시간만큼 들려주고 난 다음, 실험실 밖으로 나가게 합니다. 실험실 밖에는 서류뭉치를 잔뜩

들고 있는 사람이 실험자들이 나오는 시간에 맞춰 바닥에 서류 뭉치를 떨어뜨립니다. 두 그룹의 사람들이 이와 같은 상황에서 어떻게 행동하는가를 관찰하기 위한 실험장치입니다. 그 결과 긍정적인 말을 듣는 사람들이 부정적인 말을 듣는 사람보다 적극적으로 그 사람을 돕습니다. 직전에 들었던 말의 색깔이 다음 행동에 어떤 영향을 미치고 있는가를 알게 하는 실험입니다. 이 실험이 말해 주는 것은 새로운 생각길을 만들기 위해서는 '그냥 지켜보는 수행'과 '좋은 영향을 주는 자신만의 이야기를 만들고 그 이야기를 마음속에 새기는 수행'을 겸하면 훨씬 효과적인 실천행이 된다는 것입니다.

지금까지의 이야기가 뜻하는 것은 인지가 발생하는 과정(발심의 과정)인 인지시스템을 잘 이해하고, 인지의 내용(발심의 내용)을 무엇으로 할 것인가를 생각한 다음, 그 내용을 잊지 않도록 생각생각으로 이어 가는 것이 발심과 수행이라는 것입니다.

자비심은 어떻게 길러야 할까?

내외부가 주고받는 정보의 공명

신체가 수용한 감각자료는 내외부(內外部)에서 발생한 사건이라고 한다면, 그 느낌과 의미를 알아차리는 것은 자신의 기억정보를 바탕으로 해석된 사건이라고 할 수 있습니다. 인지의 과정을 보면 감각기관이 외부에서 수용한 감각정보와 뇌의 각 영역에서 보내온 정보가 뇌 중간에 위치한 우체국과 같은 역할을 하는 시상에 도착하면(후각정보는 신피질로 직접 간다고 합니다), 시상은 접수된 정보를 분류하여 신피질의 여러 영역으로 보내고, 각 영역은 그 영역에 맞는 부분적인 해석을 하며, 부분적인 해석이 통합되어야 최종적인 느낌과 의미에 대한 해석이 이루어지기 때문입니다.

시상 밑에는 가장 처음 생긴 뇌 영역인 뇌간이 있고, 뇌간에는 지각 스위치가 있는데 그 스위치가 켜져야 지각시스템이 작동을 하게 된다고 하며, 이 시스템은 약 200만 년 전에 살았다고 알려진 '호모 에렉투스'의 뇌간의 역할과 비교해도 큰 차이가 없다고 합니다. 호모 에렉투스뿐만 아니라 현생 인류도 원시뇌라고 할 수 있는 뇌간의 지각 스위치가 켜져야 지금 여기에서 발생한 사건들의 정보를 순차적으로 처리할 수 있고, 일련의 처리과정을 거쳐야 의식현상도 있을 수 있다는 것입니다. 순차적이라고 하는 것은 앞서 말씀드렸듯이 뇌간 중심의 정보 처리는 지금 여기에 국한된 처리인 반면, 기억을 담당하는 중심축인 해마가 생겨나면서 과거의 기억이 지금 여기의 정보 처리에 영향을 주게 됐으며, 신피질이 생기면서 장기기억과 미래를 예측하는 의식활동이 일어나게 됐기 때문입니다. 뇌의 여러 영역들이 유기적인 연결망을 통해 상호작용을 하면서 의식되는 심상이 만들어져야 의식이 발생한다는 것이지요.

예를 들어, 파킨슨 병에 걸린 분께서 약물치료를 하다가 더 이상 효과가 없을 때, 뇌간에 특수칩을 심어 뇌의 운동시스템을 조율하게 하는 수술을 하기도 하는데, 심은 칩의 신호가 뇌간의 핵 쪽으로 잘못 전달되는 경우 갑자기 슬픈 감정 상태에 빠지게 되는 것이 좋은 예라고 하겠습니다. 뇌의 영역들이 유기적으로 맺고 있는 신호 전달체계에 따라 감정 등의 해석이 이루어지고 생각과 행동이 뒤따른다는 것입니다. 마음이 하는 일처럼 보이는 것들도 실제로는 신체의 영역들이 주고받는 정보의 양상에 따른 뇌의 해석이라는 것이지요.

신체의 작용 자체가 무의식적인 심리현상이라는 것이며, 신체가 외부와의 공명을 통해 외부를 해석하는 것 또한 마음을 외부화하는 것이라고 할 수도 있고, 외부가 내부화되는 것이라고 할 수도 있다는 것입니다. 내외부가 주고받는 정보의 공명 양상이 무의식적 인지작용이 된다는 것이지요. 이 말은 의식된 내용으로 보면 한 순간에는 해석된 하나의 사건만이 있으나, 무의식층이 생산하고 있는 내부영상은 한 순간에 생산 가능한 모든 영상이 생산되고 있다는 것을 뜻합니다.

그렇기 때문에 생산된 내부영상 가운데 무엇을 선택하느냐가 그 순간의 의식내용이 됩니다. 선택의 기준은 의식이 선택했다기보다는 신체 내부의 정서라고 할 수 있습니다. 무의식층이 생산하고 있는 수많은 정보 가운데 무엇에 주의를 기울일 것인가는 내부에 있는 해석시스템과 외부의 조건 등이 융합되어 생산된 무의식의 떨림 가운데 강도가 높은 곳으로 주의가 기울여지고 최종적으로 의식내용으로 드러나기 때문입니다.

자주 경험했던 일들은 신체의 각성시스템과 강도 높게 연결돼 쉽게 주의를 기울일 수 있으나, 경험 양이 적은 것들이 쉽게 인지되지 않는 까닭도 여기에 있다고 하겠습니다. 예를 들어, '철학에 대해서 생각해 보세요'라는 정보와 '엉덩이 느낌을 알아차려 보세요'라는 정보 가운데, 엉덩이의 느낌은 쉽게 알아차릴 수 있으나 철학에 대해서는 쉽게 정의하기 어려운 까닭도 여기 있다는 것입니다.

자비수행 — 자비심을 체화하는 연습

진화과정에서 느낌을 해석하는 기관은 일찍 생겼기 때문이며, 고차원적 사유를 담당하는 신피질은 진화상 늦게 생겼기 때문이며, 6~7만 년 전부터 추상적 사유를 하는 것이 가능해졌기 때문입니다. 그럼에도 불구하고 신체와 뇌의 각 영역은 이웃 영역들과 정보 교류를 가열차게 하고 있으므로 특정한 이미지를 의식하고 있는 경우에도 무의식층에는 수많은 이미지가 생성되고 해체되기를 반복하고 있습니다. 그렇기 때문에, 곧 호흡을 관찰하고 있는 순간이라고 해도 신체는 엉덩이의 느낌 등을 생산하고 해석하고 있기 때문에 엉덩이에 주의를 기울이면 곧바로 그 느낌을 알 수 있게 됩니다.

추상적 사유를 할 수 있게 된 것이 얼마 되지 않았다고 해도, 특정 이미지에 주의를 기울이는 연습을 한다면 그 이미지를 떠오르게 하는 신체의 인지통로를 새로 만들거나 강화하는 것과 같으므로 특정 이미지를 생각하는 것이 점점 어렵지 않게 되는 까닭도 여기에 있습니다. 38세에 사고로 머리를 다쳐 아무 말도 하지 못한 채로 6년 동안 치료를 받았던 분의 뇌간에 특수한 칩을 심어 각성 스위치를 깨우자 어렵지 않게 이야기를 할 수 있게 된 것이 좋은 예라고 하겠습니다.

즉각적으로 느껴 아는 정보이거나 언어 추상을 통해 해석된 정보이거나, 신체화된 강도에 따라 쉽고 어려움이 결정된다는 것입니다. 사랑을 느끼는 척도조차 신체화되어 있는 느낌의 통로를 강화시켜 가는 연습에 의해서 정해진다는 것이지요. 사랑이라는 추상개념으로 보면 변치 않는 것 같지만, 실제로는 체화된 느낌의 강도에 따라 사랑에 대한 총체적인 양이 늘어나기도 하고 줄어들기도 한다는 것입니다.

변치 않는 사건이 우리와 접속하는 것이 아닙니다. 같은 이미지로 파악되는 것조차 실제로는 접속되는 인연에 따라 변하고 있기 때문에, 언어 추상에 의한 이미지만을 붙잡고 있다고 하면, 허상의 이미지만을 잡으려고 하면서 허우적거리게 된다는 것입니다. 사는 것은 변하면서 되어 가는 사건들의 연속이라는 것이지요. 사랑과 자비심 또한 그와 같습니다. 연습하지 않으면 체화된 사랑과 자비심의 배선망이 흐릿해지거나 사라지면서 그와 같은 감정을 같은 양상으로 드러내기 어렵게 된다는 것입니다.

사랑과 자비심을 느껴 알고 그 일을 실천하는 정도에 따라 사랑과 자비심을 표현하는 감정선의 넓이나 크기가 커지므로, '자비심을 상속시켜 가는 신체'를 만드는 것이 자비수행이 된다고 하겠습니다. 자비심 수행을 정의할 때 함께 사는 이들의 불만족스러운 마음상태를 덜어내고 즐거운 마음상태가 되도록 하는 일이라고 하는 것도 자비심이 생각과 말과 행동에 따라 줄어들기도 하고 늘어나기도 하기 때문입니다. 그렇기에 각자가 가지고 있는 생각의 지도 가운데 자비심의 통로가 어떻게 만들어지는가를 알아야 자비심을 기르는 방법도 분명해질 것입니다.

온전한 생명활동을 하기 위해서 이기적인 일과 이타적인 일을 병행해야만 되기 때문에 이 두 가지 일 가운데 어느 한쪽으로만 생각하고 행동하도록 생각의 지도를 만든다는 것은 궁극적으로 이기적인 일을 한다고 해도 이기적인 결과를 만들어내지 못하고 만다는 것입니다.

진화과정에서 만들어진 행동의 보상체계는 현재의 사건에 좌우되기 쉽지만, 현생 인류가 미래까지를 추상하게 되면서 보상회로를 보완할 수 있는 인내심을 기르게 된 까닭도 여기에 있겠지요. 비록 미래를 추상하게 되면서 불안이라는 심리적 사건을 만드는 기억정보가 강도 높게 체화되기는 했지만, 불안이 발생하는 인지과정을 이해하게 되면서 불안하지 않은 심리적 상태를 강화하는 생각의 통로를 만드는 마음 훈련도 할 수 있게 됐다는 것입니다.

자리와 이타의 균형

약 6천 년 전부터 발생했다고 여기는 문화 작업, 곧 인류가 겪었던 경험을 그림과 글 등으로 전환하는 방법과 수단을 확보한 이후로는 한 사람의 경험이 시대를 이어 전해지고 풍부하게 됐을 뿐만 아니라 그 경험들을 유사하게 재현할 수 있는 수행방법도 전수되기에 이르렀기 때문입니다.

다만 인지시스템의 진화과정을 보면 초기에 생긴 뇌간의 인지작용은 일어나는 사건을 현재라는 시점에서 해석하는 것이 중심이었다고 하면, 뇌간을 둘러싼 구피질인 변연계가 생기고 나서는 과거의 기억과 기억에 따라 재현된 감정 상태가 현재의 인식에 더해졌다고 할 수 있고, 세월이 흘러 변연계를 둘러싼 신피질이 생겨 장기기억과 미래를 추상하는 능력이 더해지면서 현생 인류의 인지시스템이 자리를 잡았다고 할 수 있으므로, 생명계 전체와 미래까지를 내다보면서 자리(自利)와 이타(利他)를 균형 있게 실천할 수 있는 생각의 지도를 만들기가 쉽지는 않다고 하겠습니다.

이타적 행위가 칭찬을 받고, 보상시스템이 작동해 좋은 감정상태를 만들어 낸다고 해도, 전체적으로는 이기적 행위가 가져다주는 보상의 강도에 비해 약하다는 것입니다. 그렇기에 사랑과 자비심을 가열차게 길러야 이기와 이타가 어우러진 생각과 말과 행동을 하기가 쉽다는 것이며, 이 일을 해야 하는 것은 이 일이 생명의 실상과 융합하는 일이기 때문이라는 것입니다.

불교에서는 생명의 실상과 융합한 행동을 하기 위해서는 먼저 자아에 대한 관점을 바꿔야 한다고 이야기합니다. 생명 흐름의 실상을 보면 자아는 자아를 규정하는 실체를 갖는 존재자로서 존재하는 자아가 아니라, 생명계의 온갖 인연이 '중첩된 자아'(無我)이며, '인연 따라 되어 가는 자아'(無常)이기 때문입니다. 자아 속에 자기와 타자의 역사가 자리 잡고 있으므로, 이전의 자기와 타자를 배제할 때 현재의 자아조차 존립할 수 없다는 것입니다. 이와 같은 이해가 단지 학습된 내용에 지나지 않는다고 하면 그렇게 큰 울림이 되지 못했을 것입니다.

마음챙김으로 자아의 영역이 확장되는 것을 경험할 수 있었다는 것입니다. 마음챙김이 깊어져 언어 분별을 동반한 이해가 쉬게 되면 우주와 합일된 것 같은 전일적 자아상태를 경험하기도 하고(이때 세로토닌 등 신경 조절 물질이 다량 방출되면서 황홀감을 경험하기도 합니다), 모든 경계가 사라지거나 알아차리는 마음조차 사라지는 경험을 하게 되면서, 다양한 형태의 자아상을 직접적으로 알게 된다는 것입니다. 항상 같은 양상으로 느끼는 몸의 감각도, 바람이 일자마자 다른 느낌과 다른 흔들림으로 나타날 수밖에 없다는 것이지요.

심리적 조건이 달라지면서 신체가 수용하고 반응하는 양상도 달라진다는 것이며, 그 역 또한 마찬가지입니다. 신체의 감각해석 지도의 율동도 인연 따라 바뀐다는 것이며, 바뀐 그것이 자신의 실상을 그대로 드러내고 있다는 것입니다. 존재가 현상하는 것이 아니라 현상하는 양상마다 존재의 실상이 된다는 것이지요. 공기 분자의 떨림도 자아의 영역으로 접수됐다고 할 수 있고, 자아가 공기 분자까지 확장됐다고 할 수 있다는 것입니다. 그렇기에 외부를 보는 것이 외부를 보는 것이 아니고 확장된 자신의 마음을 보는 것이라고도 하고, 외부가 내부화하면서 내부를 규정한다고까지 이야기하기도 합니다. 하나의 사건마다 생명계의 중첩된 인연이 드러난 것이며, 드러난 모습마다 그대로 생명계의 모습이 된다는 것이지요. 마음 씀 하나하나마다 하나의 세계를 만들면서 중첩된 세계상에 영향을 주고 있다는 것입니다.

생명연대로서의 주체

자아마다 주체이면서도 실체적 주체가 아니라는 것입니다. 자아의 경계막에 구멍이 숭숭 뚫려 있고 그 구멍을 통해 수많은 자아와 생명연대를 하고 있기 때문입니다. 비트겐슈타인(Ludwig Wittgenstein)의 말처럼 존재의 집이라는 언어 속에 '되어 가는 사건들'을 가둘 수 없다는 것입니다. 사건·사물들이 언어의 사건·사물들이 되면서 사건·사물의 실상이 가려지게 된다는 것이지요. 공기의 떨림 하나도 다른 자아의 느낌이 생겨나는 것을 직접 경험해야만 언어가 만든 허상의 집에서 벗어날 수 있는 근거를 갖추게 된다고 하겠습니다. 하나의 느낌도 현재와 과거와 미래로 나눌 수 없는 융합체로 드러나고 상속되고 있다는 것을 알아차리는 체험이 필요하다는 것입니다. 그렇기 때문에 느낌을 이해하는 언어습관을 바꾸어 보는 것이 중요합니다. '내가 느끼는 것이 아니라 느낌이 나다'라고.

이와 같은 인식이 생명흐름과 상응한다는 것입니다. 현생 인류가 수용된 정보를 해석할 때 수용된 정보의 양보다 그것을 해석하는 데 동원되는 기억정보의 양이 6~10배 많다는 점만 보아도, 현재의 인상은 기억정보가 만들어 놓은 것과 같은 미래가 현재화한 것이라고 할 수 있으므로 현재의 흐름과 어긋날 확률이 엄청 크다는 것이지요. 그러므로 그 크기만큼 언어습관을 되돌아볼 필요도 커졌다고 하겠습니다. 아는 주체가 아는 것이 아니라 순간의 느낌만이 상속된 자신과 상속되는 자신을 드러낸 것이며, 그 느낌에 참여하는 바람 한 점도 단지 스쳐 가는 이웃이 아니라는 것입니다.

그렇기 때문에 말과 말의 느낌을 어떻게 상속시켜 가는가가 삶의 흐름을 조율하는 중요한 요소가 됩니다. 존재의 집을 만들어 존재 양상을 드러내는 행위가 말이기 때문이며, 이 말은 기억정보가 만든 이미지가 언어로 표현된 것이면서 다시 이 느낌을 내부의 언어(기억의 자모음)로 갈무리하기 때문입니다. 그렇기에 갈무리될 때 지금의 느낌과 이미지가 통째로 어느 곳에 저장되는 것이 아니라, 느낌을 만들 때 참여한 각종 요소(기억의 자모음)로 분해되어 뇌의 여러 영역에 저장돼 있다가, 비슷한 인연이 형성되면 기억의 자모음이 모여 심상을 재구성할 때 감수된 정보가 해석될 수 있다고 말씀드렸습니다. 느낌마다 새로 재구성된 현재의 느낌이면서 과거와 미래를 담아낸 느낌이 상속된다는 것이지요.

그러므로 말하기 직전까지의 느낌과 의미를 있는 그대로 알아차려 느낌과 의미를 조율하는 연습을 한다면 말이 주는 아픔으로부터 자신을 보듬어 안을 수 있습니다. 자신을 너그럽게 대하는 연습이 절대적으로 필요하다는 것입니다. 이와 같은 연습도 기억의 자모음으로 남겨지므로, 남겨진 기억의 양과 강도만큼 자신을 껴안을 수 있는 폭이 넓어지며, 그 폭이 외부를 껴안을 수 있을 만큼 커지면 힘들이지 않고도 자비로운 행동을 할 수 있게 되겠지요.

생명연대의 실상 — 자비심

자비로운 행위야말로 자리와 이타를 완성하는 방법이면서 연대된 생명의 실상을 있는 그대로 드러낸 사건이 된다는 것입니다. 이 행위를 뒷받침하는 첫번째 마음가짐은 특정한 존재로서의 자기가 되는 것을 원으로 삼지 않는 것입니다. 우리의 행위는 생명계의 온갖 인연이 중첩된 것과 같으므로, 예측하고 기대한 대로 되지 않는 것이 일반적이기 때문입니다. 생각 하나 일어나는 것도 진화의 전 과정이 개입된 것과 같다는 것이지요. 현생 인류는 이와 같은 일을 알 수 있을 만큼 진화가 진행됐기에 마음챙김과 자비심을 기르는 생각의 통로를 확장하기만 한다면 생명연대를 중심으로 한 인지습관을 만들 수 있다는 것입니다.

자리이타를 중심으로 한 마음챙김 수행이 깊어지면 자기가 자기를 있는 그대로 좋아할 수 있으면서 외부의 사건에 대해서도 너그러울 수 있게 될 것입니다. 이와 같은 원리를 설명한 대표적인 경전으로는 『법화경』과 『화엄경』을 들 수 있습니다. 『법화경』에서는 모든 생명체는 헤아릴 수 없이 긴 세월 동안 지성작용(불성작용)을 통해서 현재를 살고 있다는 이야기를 하고 있으며(진화로 보면 약 40억 년), 『화엄경』에서는 개체의 생명 흐름이 가능한 것은 이웃생명체들과 연대하면서 생명정보를 주고받는 생명계의 지성작용(빛처럼 상호융섭하는 불성작용)이 있었기에 가능했다고 이야기하고 있는 것입니다.

그렇기에 『법화경』에서는 생명체가 발현하고 있는 생명현상의 중심에 무량한 세월 동안 지성작용을 하고 있는 불성이 있기 때문에 모든 생명체가 언젠가는 반드시 깨닫게 될 것이므로 낱낱 생명체를 무량수불(無量壽佛)로 여기면서 공경하는 것을 수행으로 삼으라 했으며, 『화엄경』에서는 낱낱 사건·사물마다 생명의 빛인 불성의 지성작용이 융합하여 그렇게 드러나고 있다고 하여, 곧 모든 사건·사물들이 그 모습 그대로 부처의 빛으로 존재한다고 하여 생명계 그 자체를 비로자나불로 여기라고 이야기하고 있습니다.

이들 경전의 생각은 생명체마다 무량한 세월 동안 불성의 지성작용이 시공간상에 항상했다는 것입니다. 보시하는 마음이 자기 자신을 부족함이 없는 사람으로 만드는 까닭도 여기에 있습니다. 지성이 나의 행위의 이면에 잠재하고 있는 것이 아니라 현상하는 모든 모습이 지성이 펼쳐 내는 세계이므로, 이 사실을 통찰하는 순간 지성이 불성이 되기 때문입니다. 지성이면서 불성인 앎의 역사가 생명계의 역사와 함께한다는 것이지요. 부처가 된 분들만이 그와 같은 것이 아니라 누구라도 그렇다는 것입니다.

그렇기에 보살 수행의 첫번째 항목이 보시하는 일입니다. 베푸는 일을 통해서 더 큰 복을 얻는다는 것은 스티븐 제이 굴드의 말처럼 '개체는 존재하지 않기' 때문일 것입니다. 개체마다가 생명계의 전 역사를 종횡으로 융합한 개체이기 때문이며, 융합이 가능한 것은 물질의 활동 그 자체가 지성이 펼치고 있는 정보의 융합 활동이기 때문입니다. 우리 몸을 이루는 물질정보의 융복합 활동이 불성과 지성의 근거가 된다는 것입니다.

생물체는 생물로서의 40억 살과 물질정보의 융복합이 지속된 138억 살을 살고 있다는 것이며, 물질정보라고도 할 수 없는 상태(물질정보로 보면 무無인 상태이나, 무 그 자체가 운동하면서 정보화가 이루어지고 있는 상태)에서 정보가 발생한 것을 보면, 헤아릴 수 없는 시간 동안의 비정보와 정보의 상속이 생명의 역사라고 할 수 있다는 것입니다. 융복합의 예로는 우리의 유전정보 가운데 약 60%를 바이러스로부터 받은 것을 들 수 있겠지요.

『법화경』과 『화엄경』의 이야기가 현재 과학이 밝혀내고 있는 세부사항을 온전히 드러내고 있는 것은 아니지만, 이야기의 맥락에서 보면 크게 어긋나지 않는다고 하겠습니다. 자비수행은 이와 같은 자기, 곧 시공간적으로 한없이 중첩된 자기(無我)이면서 끝없이 되어 가는 자기(無常)임을 알 수 있게 한다는 것입니다. 시공간 자체가 분리되지 않았기에 낱낱 생명체는 무아이면서 무상한 삶을 살고 있으며, 학습과 마음챙김 수행으로 이와 같은 사실을 직간접적으로 알 수 있게 된다는 것입니다. 보시 등의 수행이 자기가 부족하지 않다는 것을 알게 하면서 생명연대의 자기를 실현하는 일이 되는 까닭도 여기에 있겠지요.

확장된 자아와 자비심

자비롭게 사는 것이 생명현상의 진실을 드러낸다는 것입니다. 삶 그 자체가 자비연대이기 때문입니다. 이 사실이 부처님에 의해서 알려지게 됐다고 하겠습니다. 신피질이 생기고 수천만 년이 지나 생각을 반조할 수 있게 되면서 이전까지 내적 신비로 여겨졌던 생명연대의 자비로움이 훤하게 드러나게 된 사건이 깨달음이라는 뜻입니다. 깨달음을 통해 자비로운 생명연대를 알게 됐지만, 이는 거인의 어깨 위에 올라가서 보게 된 사건이라고도 할 수 있기에 석가모니 부처님 이전에도 일곱 부처님이 계셨다고 이야기하기도 합니다.

거인인 인류는 문화를 발명하고 발명된 문화를 수용하는 유전정보를 상속했다고 할 수도 있기 때문입니다. 상속받는 문화유전자는 특정 색깔을 상속받은 것이 아니라, 태어난 환경 등과 연대해 특정 정보활동을 할 수 있는 공능이라고 할 수 있습니다. 어찌 보면 일정 부분 빈 마음을 상속받은 것과 같다고 하겠습니다.

빈 마음으로 중첩된 현재의 사건을 수용하고 해석하는 것과 같이, 유전자의 특정 부분은 '환경과 연대해서 역할을 정하세요'라는 명령어가 입력되어 있는 것과 같다는 것이며, 이 부분의 역할에 의해 문화가 수용되고 전승될 수 있다는 것입니다. 그렇기 때문에 문화를 배우고 익힌다는 것은 의식적으로 자기를 확장하는 것과 같습니다.

오늘날 환경문제를 생각하는 것이 단지 환경문제에 그치지 않는다는 것을 잘 알 것입니다. 오히려 생명체를 둘러싼(還) 경계(境)라는 뜻으로 환경을 해석하기보다는 환경 그 자체까지를 생명계로 보아야 된다는 것이지요. 공기를 대하는 인식과 태도가 바뀌어야 한다는 것입니다. 그곳까지, 어쩌면 경계조차 세울 수 없는 곳까지 자아를 확장하지 않으면 애지중지하는 자아조차 존립할 수 없기 때문입니다.

부처님께서는 이와 같은 연대를 연기법이라고 말씀하셨습

니다. 그렇기에 자비수행은 연기법을 잘 이해하고 이해된 현상을 체화하기 위한 실천방법이라고 할 수 있습니다. 자아의 확장이 자비의 확장이라고 할 수 있는 것은 자애(自愛)를 가능한 한 넓히는 일이기 때문입니다. 아집에 묶인 자기애(自己愛)는 자기조차 온전히 받아들이기가 어렵지만, 확장된 자아는 자기의 여러 면을 있는 그대로 흐뭇해하는 마음이라고 할 수 있습니다. 자중자애하는 마음을 쓸 수 있는 것은 자아의 영역을 넓힌 결과만큼이라는 것이지요.

유전자로만 보아도 사람들끼리의 차이는 0.01%에 지나지 않고 침팬지와는 98.5%가 같으며, 식물과도 반 이상이 같다고 하며, 사람 유전자의 60% 정도가 바이러스에서 전해진 것이라고 하니, 생명계는 유전정보를 주고받으면서 생명흐름을 조율하고 있는 하나된 생명의 장이라고 할 수밖에 없기 때문입니다.

불교에서는 이와 같은 생명계의 양상을 대승(大乘), 곧 큰 수레를 함께 타고 있는 것과 같다고 했습니다. 생명체의 낱낱 생명 현상이 인드라망으로 하나된 대승에서의 생명현상이라는 것입니다. 그러므로 대승의 가르침을 학습한다는 것은 생명에 대한 인식의 토대를 전환해야 된다는 것을 뜻합니다. 세계를 해석하는 내부이미지를 만들 때 대승이라는 이미지가 스며들 수 있도록 사유습관을 만들어야 한다는 것이지요. 그러기 위해서는 내부영상이 만들어지고 그 영상을 의식한 연후 생각과 말과 행동이 어떻게 흐르는가를 살펴볼 필요가 있습니다. 이를 '관'(觀)이라고 합니다. 의식적으로 자기 내부를 지켜보고 알아차리는 연습입니다. 이와 같은 연습이 심화된 만큼 인식의 토대가 전환된다는 것입니다.

업(집착심)을 녹이기

알아차리는 수행은 무의식층에서 기억정보를 재구성해 현재를 해석하고 미래를 예측하는 인지시스템의 작용 내용을 바꾸는 연습이라는 것입니다. 이를 불교에서는 업을 녹인다고 이야기하고 있습니다. 습관적으로 기억정보가 만들어 놓은 미래의 영상을 가지고 현재를 재현하는 것이 아니라, 기억정보가 재현하는 양상과 내용에 변화를 주는 일입니다. 그 가운데 하나가 자아를 보는 관점의 변화입니다. 무아와 무상의 이미지를 정보화하는 것입니다. 기억정보는 과거를 회상하기 위해 저장되어 있다기보다는 미래를 준비하기 위한 정보이기 때문입니다.

현재의 사유 내용이 기억정보에 기반하는 것이긴 해도 기억의 기능 자체가 미래를 준비하는 것이기에, 곧 끊임없이 새로운 정보를 받아들이면서 미래의 현상을 다각도로 준비하는 것이기에, 현재의 생각은 과거를 이어받은 것이면서 새로운 미래의 그림을 그리는 자양분이 된다는 것입니다. 인지시스템이 그와 같이 진화돼 왔다는 것이지요. 그렇기에 지켜보는 마음은 단지 현재를 알아차리는 일만이 아니라 과거와 미래를 다른 선으로 이어 가는 것과 같아, 새로운 삶을 살 수 있는 토대를 만드는 일을 한다고 할 수 있습니다.

기억정보를 토대로 해석된 현재, 곧 무의식층이 만든 현재만을 따른다고 하면 접속되는 정보들을 쉽게 이해하기는 하겠지만, 그와 같은 이해는 지금 여기의 자기와 멀어지는 연습을 하는 것과도 같습니다. 이를 집착이라고 합니다. 집착한다는 것은 정보 활용에서 유연성이 없다는 것이며, 새로운 정보를 학습하지 않았다는 것이며, 궁극적으로는 현재를 살면서 현재로부터 소외된 삶을 사는 토대를 만들고 강화하는 것과 같다는 것입니다. 그 결과, 현재로부터 소외된 삶을 살게 되므로 불만족스러운 자기를 경험하게 될 수밖에 없습니다. 현재의 삶이 괴로운 것은 개인(別業)과 사회(共業)가 집착을 내려놓지 못하거나 리셋하지 못한 일로부터 발생한다는 것이지요.

기억정보가 준비한 것과 같은 현재를 의식하면서 의식의 흐름을 관찰해야 하는 까닭도 여기에 있습니다. 관찰을 통해 새로운 정보가 기존의 정보층에 스며들어야 집착의 강도가 줄어들 수도 있고, 없어질 수도 있기 때문입니다. 관찰하다 보면 몸과 마음의 조건에 따라 예측하지 못한 영상 등이 나타나기도 하는데, 이를 통해 정보의 장이 무수히 중첩되어 있다는 것을 알게 되며, 집착이 허상을 잡고 내려놓지 않으려는 것에 지나지 않는다는 것도 알게 됩니다.

생명의 흐름을 보면 미래를 예측한 대로 맞이할 확률이 높을 수도 있고 낮을 수도 있는데, 높은 경우는 필연이라고 하고 낮은 경우는 우연이라고 하겠지만, 마음을 챙겨 사건들의 발생을 있는 그대로 알아차리다 보면 생명계의 흐름은 필연과 우연의 여러 조건들이 만나게 되면서 갖가지 사건·사물들이 현상하고 있다는 것을 알게 된다는 것입니다.

내려놓는 연습은 예측된 미래가 현상하더라도 그것을 탐하지 않고, 예측되지 않은 미래가 나타나더라도 그것으로 화내지 않는 마음흐름을 유지케 하여 불안한 현재를 만들지 않는 지혜를 체화하는 일입니다. 일어나는 일들이 마음에 드느냐 안 드느냐를 가지고 힘들어하는 것은 사건들이 자신이 예측한 대로 흘러가기를 바라는 마음이 자리 잡고 있기 때문일 것입니다. 이 마음은 사건의 흐름에 대한 무지를 상속받고 상속하는 마음입니다. 그러므로 그와 같은 바람과 판단이 삶을 괴롭게 한다는 것을 사무치게 알아차려야 집착을 내려놓을 수 있는 단초를 마련할 수 있습니다.

마음챙김 – 유연성 기르기

사건의 우연성이야말로 생명흐름의 실상을 온전히 드러내는 것이라고 할 수 있는데, 그 까닭은 생명계에는 사건의 수만큼 많은 인연들이 중첩되어 있기 때문입니다. 그렇기에 부모가 자식에게 물려준 유전정보의 발현 양상도, 도킨스의 이야기에 따르면 유전자의 상속을 매개하는 중간자로서의 부모의 의지보다, 유전자 스스로의 의지에 의한다는 것입니다. 부모와 다른 자신의 생존 조건에 따라 살아갈 수밖에 없다는 것이지요. 생명계에서 일어나고 있는 우연성과 접속하기 위해서는 유연성이 필요하다는 것입니다. 그러므로 예측을 하되 예측된 대로 사건이 발생하기를 바라는 마음가짐을 내려놓기만 해도 훨씬 편안하게 '되어 가는 사건'들을 바라볼 수 있을 것입니다.

유전정보의 상속에는 필연적으로 다르게 살 수밖에 없는 정보의 변이도 발생하고, 같은 정보라고 하더라도 어떤 정보와 연합하느냐에 따라 마치 다른 정보처럼 작용하기 때문입니다. 유연성이 담보되어 있기에 스스로 합리적이라고 여기는 관계망을 만들어 갈 수 있다는 것입니다. 아울러 자신의 선택을 중심으로 사건을 해석하고 그 해석을 고집하는 것 또한 자신의 해석과 반응을 합리화하는 것인데, 이 기능도 진화상 성립됐기 때문이라고 하겠습니다.

해석된 것이 자신의 세계

생명흐름은 중첩된 생명계가 만드는 관계망의 변화라고 할 수 있지만, 개체로 보면 스스로 해석한 양상만이 생명흐름의 전부가 되므로, 곧 해석된 그것만이 자신의 세계가 되므로 해석된 내용을 합리화할 수밖에 없다는 것이지요. 수행이 마음챙김으로부터 시작되어야 하는 까닭도 여기에 있다고 하겠습니다.

의식현상이 발생하는 인지시스템을 잘 이해하지 못하면, 합리화한 의식내용만이 생명의 실상이 되고 말아, 합리화하는 자아를 중심으로 세상의 흐름과 접속하면서 자신의 판단에 따라 탐하거나 성내면서 자신을 괴롭히기 때문입니다.

진화과정에서 형성된 보상체계에 따라 탐하기도 하고 성내기도 하지만, 다른 한편 탐하거나 성내는 사건들의 기억정보가 인지의 과정에 개입하게 되면서 탐욕의 경향성과 분노의 경향성도 증장되기 때문에, 생명흐름의 실상과 계합하는 것이 아니라 합리화된 탐욕의 경향성과 분노의 경향성을 기반으로 세상의 흐름과 접속하면서 괴로운 삶을 살기 쉽다는 것입니다.

그렇기에 삶의 흐름과 인지의 경향성을 있는 그대로 지켜보면서 의식내용에 따라 들뜨지 않는 마음작용을 유지하는 수행이 중요하다는 것입니다. 수행은 괴롭지 않은 삶을 살 수 있는 지혜와 자비의 경향성을 길러 가는 일이기 때문이며, 생각과 말과 행동의 경향성은 기억정보가 어떻게 재구성되는가에 달렸기 때문입니다.

수용된 정보가 의미 있는 사건이 되려면 기억정보를 바탕으로 내부영상이 만들어져야 되는데, 이 시스템은 꿈을 꾸는 상태에서도 동일하게 작용한다고 합니다. 꿈을 꾸는 동안에는 운동 영역의 작용 스위치가 꺼진 것과 같고, 꿈의 내용을 기억하는 시간이 짧기 때문에 일상의 의식 상황과는 다르지만, 전체적인 인지과정은 크게 다르지 않다는 것입니다. 꿈의 이미지가 만들어질 때는 시상과 뇌간을 연결하는 뇌교라는 영역에서 강한 전기파가 발생하고, 발생된 전기파가 시상의 슬상체(膝狀體: 망막에 맺힌 영상이 전기파로 변환되어 시상으로 전해질 때 지나가는 영역)에 도착해 시지각채널이 일을 시작하면 꿈의 영상이 만들어져 꿈꾸는 상태가 된다고 하는데, 꿈의 영상이 정합성을 갖지 못하는 것은 뇌교에서 발생한 전기파와 상응해서 발현된 기억정보들이 일상과 같은 일관성을 갖지 못하기 때문이라고 합니다. 뇌교에서 발생한 전기파의 정보를 해석하기 위해 참여하는 영역이 뒤죽박죽이라는 것이지요.

간혹 꿈을 자각(자각몽)하는 사람들도 있지만(이유는 알 수 없지만 잘 때도 전전두엽피질이 활성화된 사람들), 자각몽을 꿔 본 적이 없는 사람들도 수련을 하게 되면 어렵지 않게 자각몽을 꿀 수 있다고 합니다. 그렇기에 티벳불교에는 자각몽을 꾸는 기능을 익혀 꿈속에서 마음챙김을 하는 수행, 곧 꿈수행이 있고, 화두수행을 하는 선종에서도 꿈속에서도 화두가 명징하게 들려야 어느 정도 화두수행이 익어졌다고 이야기하기도 합니다.

뒤죽박죽으로 일어나고 있는 꿈의 영상을 알아차릴 뿐만 아니라 의도적으로 꿈의 영상을 바꿔 가는 수행이 기억정보의 활동, 곧 업이 발현하는 양상을 지켜보면서 집착을 버리고 지혜와 자비심을 기르는 수행과 일맥상통하다는 것이지요. 일상의 의식이거나 꿈의식이거나 생명의 실상과 계합한 인지와 행동을 실현하는 일이 수행이 된다는 것입니다.

생명연대의 향기

수행, 곧 집착하지 않는 마음씀을 체화해 가는 일은 생명의 실상과 계합하는 일이 되므로, 자비심을 담아 걸어가는 걸음걸음은 자신에게 상을 주는 일이 됩니다. 마음챙김이 익어진다는 것은 자신을 넉넉하게 보는 영역을 확장하는 것과 같기 때문입니다.

자아가 확장된 경험 가운데 하나는 우주적 합일체가 된 것과 같은 경험이며, 자아라고 이름할 수 있는 것이 온전히 사라진 빈 마음 상태를 경험하게 되면 존재와 비존재, 있음과 없음의 경계조차 규정할 수 없다는 것도 알게 됩니다. 이와 같은 경험은 심상을 만드는 기반 가운데 하나인 지식의 지도를 바꾸게 합니다. 지혜가 인지 기반에 자리 잡힌 상황이 된 것이지요.

그러므로 인문적 지식을 습득하는 일은 사람의 말과 생각과 행동에서 생태적 향기를 풍길 수 있는 지식 기반을 만들어가는 운동이 된다고 하겠습니다. 학습된 내용을 기억하는 데에 그치지 않고 생각과 말과 행동의 흐름을 알아차리면서 뒤따르는 생각과 말과 행동에 인문의 향기, 곧 생명연대의 향기를 드러내도록 인문지식을 습득하는 일이 생명연대의 운동이 된다는 것입니다.

생명연대의 실상을 잘 알지 못할 때는 자아의식을 중심으로 자기를 보듯, 모든 사건들도 그 내면에 각각의 사건을 주재하는 실체가 있다고 여겼으며, 이를 존재라고 정의했습니다. 그렇게 정의된 자아와 사건·사물에 대한 지식지도에 의해서 생각하고 말하고 행동할 때는 그것이 진실인 줄 알 수밖에 없었을 것이며, 그렇게 생각하는 것이 보상받는 생각일 수밖에 없었을 것입니다.

부처님 시대 이래 여러 현자들에 의해서 의식된 자아상이 허상에 지나지 않는다는 것이 밝혀졌지만 그 사실을 쉽게 받아들이지 못하는 까닭도 여기에 있겠지요. 이는 지구가 움직이는 것은 직접적으로 보고 알 수 없었기에 오랫동안 천동설이 정설로 굳어졌던 것과 같다고 하겠습니다. 그렇지만 면면히 이어온 현자들의 어깨에 기대어 사건의 실상을 보는 사람들이 많아졌고, 현대에 이르러 진화학과 물리학 그리고 뇌과학 등에 의해서 사건·사물의 실상을 이해하는 지식의 지도가 차츰차츰 바뀌게 되면서, 생명연대를 실현하는 '일과 생각과 행동'이 보상을 받을 만한 일이라는 지식통로도 넓혀지게 됐으므로, 생명연대를 이해하고 인문적 소양을 쌓는 일이 보상받는 행위라고 여길 수 있게 됐다고 하겠습니다.

접속된 외부가 자아의 얼굴을 만든다

존재로서의 자아의식이 해체됐다는 것은 자아를 규정하는 방식이 연대적 조건에 따라 달라진다는 것을 명징하게 알아차렸다는 것입니다. 존재라고 할 수 없는 흐릿한 자아가 무엇과 연대하느냐에 따라 뚜렷한 자아로 나타났다가 그 연대가 사라지면 다시 흐릿한 자아로 되돌아가는 것과 같은 인지시스템을 분명하게 이해했다는 것이지요. 부모라는 이름이 드러나는 것은 자녀와 함께 있을 때라는 것입니다.

내부에 존재하는 무엇이 자아를 규정하는 것이 아니라 외부가 자아를 드러나게 하므로, 자아의 정체성을 찾는다는 일 자체가 무지한 일이 된다는 것입니다. 이 말이 뜻하는 것은 존재적 자아로 살 때를 보상받은 자아라고 여기는 지적 기반에 의해 지금 여기에서 생생하게 활동하는 생명연대의 실제적인 자아가 보상받을 기회를 잃게 된다는 것입니다. 무지가 괴로움의 근본이 된다는 부처님의 가르침이 뜻하는 것도 왜곡된 지식 기반을 전환하지 않고는 불만족이 없어질 수 없다는 것입니다.

존재로서의 자아를 규정하고 의미를 부여하면서 그렇게 살기를 바라거나 그와 같은 정체성에 부합하려는 일이 밑 빠진 독에 물 붓는 일과 같다는 것이지요. 자아가 존재적 자아가 아니고 연대적 자아임을 알 수 있는 직접적인 경험은 마음집중 상태에서 뇌 신경망이 새롭게 조정되면서 이전과 다른 체험을 할 때나(예를 들면 공간 전체가 어안렌즈로 찍은 사진처럼 보이기도 하고, 멀리 있는 것이 눈앞에 다가오기도 하고 눈앞에 있는 것이 멀어지기도 하며, 형태나 색깔이 달라지기도 하며, 평소에는 전혀 들을 수 없는 소리가 들리기도 하고 공기의 작은 떨림이 몸이 휘청거릴 정도의 힘으로 다가오는 것 등입니다), 시공간을 경계 짓고 언어 분별을 통해 사건·사물을 판단하고 있는 뇌의 영역이 일을 하지 않는 상태가 될 때입니다(이때는 우주와 합일된 상태를 경험하기도 하고 모든 심상이 사라진 상태 등을 경험하기도 합니다). 마음챙김이 깊어졌다거나(예를 들면, 눈을 감고 있는 상태에서 지금까지 보지 못했던 빛 등의 영상이 나타나거나, 신체의 감각을 해석하는 양상이 달라지면서 차크라라고 하는 부위만 텅 빈 상태가 되기도 하고, 그곳으로 새로운 기운이 들락날락거리기도 하는 등 평소와 다른 지각내용이 생성되고 있는 상태가 된 것을 뜻합니다), 뇌의 병변에 의해서 특정 영역의 작용이 달라진다거나, 분별의식이 극에 이르러 분별작용을 쉬지 않으면 죽을 것 같은 상태가 되면서 우주와 합일된 것과 같은 무분별의 자아현상이 일어날 때라야 지식기반을 전환할 단초를 마련할 수 있다는 것입니다.

뒤의 두 가지 경우는 의도하지 않은 상태에서 다른 양상의 자아를 본 것이라고 한다면, 마음챙김이 깊어진 상태에서 '되어 가는 사건으로서의 자아'를 보는 경우는 의도적으로 그와 같은 자아 상태를 드러낼 수 있게 되었다고 할 수 있겠지요. 마음챙김은 의도적으로 특정한 마음상태를 조율할 수 있을 정도로 뇌신경망의 배선과 정보를 주고받는 부위의 단백질이 단단해지도록 해 그 부위에 있는 시냅스의 연결을 견고하게 하는 것과 같기 때문입니다.

마음챙김으로 습관적인 자아의식과 그에 따른 생각과 말 등의 행동 양상을 있는 그대로 알아차리게 되면, 자아를 집착하는 정보통로의 단백질 강도는 약화되거나 시냅스의 배선망이 달라지면서 자아를 연기적으로 해석하는 시냅스의 연결망이 새로 생겨나거나 그렇게 해석하는 정보통로의 단백질이 단단해진다는 것입니다. 이는 운동선수가 부단한 노력으로 운동의 역량을 기르는 것과 같습니다. 수행은 '사유습관의 토대, 곧 인식의 토대를 지혜정보로 전환하는 것이며, 이를 토대로 자비행을 뜻대로 펼칠 수 있는 공능을 체화하는 운동이라고 할 수 있다는 것입니다.

새로운
생각을
코딩한다는
것은?

인지시스템의 대전환 — 생각을 생각함

현생 인류는 생각까지를 생각할 수 있게 됐을 뿐만 아니라 그와 같은 인지시스템을 상당 부분 알게 되면서, 이전 시대와는 다른 지식의 시대에 접어들었다고 할 수 있습니다. 좋은 의미든 그렇지 않든 인류의 집단지성에 의해서 인류세라는 시대가 열리게 됐다는 것입니다.

그렇기는 해도 인식의 토대까지 바뀌었다고 하기는 어렵습니다. 유전정보를 통해서 상속된 인지시스템과 그 작용 양상에 대해서 어느 정도 알았다고 해도, 생명체가 40억 년 동안 익혀 온 상과 벌에 상응하는 인지습관까지는 바뀌지 않았기 때문입니다. "생존해"라는 명령어에 충실한 생존방식이 실제로는 생존을 위협하는 것인데도 불구하고, 흔한 말로 눈앞의 이익에 눈이 멀어, 생존조차 장담할 수 없는 일도 서슴없이 하는 경우가 좋은 예라고 하겠습니다. 이 가운데는 답습된 지식도 한몫합니다.

직간접으로 배운 지식이 생명의 실상과 어긋난 경우에도 별 생각없이 익힌 습관을 따르면서 그 생각을 합리화한다는 것입니다. 먼저 자리 잡은 지식정보가 힘이 세다는 것이지요. 먼저 자리 잡은 정보가 기억입니다. 시각 등이 결정되는 결정적

시기가 있는 것처럼 지식이 완성되는 시기가 있는 것은 아니지만, 경험의 빈도수가 높은 것들의 기억정보가 다음에 오는 경험을 해석하는 데 깊이 관여하기 때문에, 분명하게 밝혀진 사실일지라도 그 사실이 인류 전체의 지식정보가 되는 데는 오랜 시간이 필요하다는 것입니다.

그렇기는 해도 사건·사물을 해석하는 뇌신경망의 배선구조가 고정되어 있는 것이 아니라 조건 따라 유연하게 변하기도 하므로, 답습된 지식정보를 강화하기만 하는 것이 아니라 수정하기도 하고 새로운 지식정보를 기억으로 남길 수도 있었겠지요. 이 기능 또한 생명체가 진화를 통해서 터득한 기술이라고 할 수 있습니다. 이와 같은 기술이 있기 때문에 어떤 경우는 한두 번의 경험만으로도 기억된 지식정보가 바뀌기도 하지만, 일반적으로 학습내용과 학습양에 따라 변하게 됩니다.

기억정보는 의식된 이미지 그대로 기억되는 것이 아닙니다. 그 이미지 속에 들어 있는 각종 정보 조각으로 나뉘어 저장된다는 것입니다. 예를 들어, 무엇이라는 기억 조각과 어디라는 기억 조각 등으로 나뉘어 기억되고 있다가, 필요에 따라 이들 조각이 모여 어디에 있는 무엇이라는 이미지가 만들어지고, 그 이미지를 알아차리는 의식작용이 발현된다는 것입니다. 이들 조각들을 기억의 자모음이라고 할 수 있습니다. 자모음이 모여야 의미를 갖는 낱말과 문장이 될 수 있듯이, 기억의 자모음이 모여야 내부영상인 심상이 만들어지고 의식작용이 발현된다는 것입니다. 그렇기 때문에 기억의 자모음을 모아 심상이 만들어질 때 무슨 조각이 들어가느냐에 따라 의식내용이 달라질 수 있습니다.

답습된 지식을 만드는 자모음의 강도는 역사가 긴 만큼 힘도 세기 때문에 이미지를 만들 때 개입하기가 쉽지만, 새로 익힌 지식정보는 주의를 기울이지 않고도 의식내용에 끼어들 수 있을 만큼 강도가 세지 않기 때문에 그 부분을 의식하기가 쉽지 않다는 것입니다.

인지시스템의 대전환 — 수행의 출발과 완성

마음을 고요히 해서 일어나고 사라지는 이미지의 흐름을 지켜본다는 것은 고요히 지켜보는 정보조각을 강화하는 일이라고 할 수 있는 데 반해, 익숙한 일상은 발현된 이미지를 좇아 주저 없이 생각과 말과 행동을 하게 하는 정보 조각들이 활발하게 작용할 수 있는 조건이라는 것입니다. 수행이 쉽지 않은 까닭도 여기에 있습니다. 그렇기에 수행은 새로 익힌 학습 내용의 조각들이 의식내용에 쉽게 들어갈 수 있도록 기억 강도를 높여 가는 일이라고 할 수 있습니다. 이 일이 가능한 것은 무의식층에서 기억의 자모음을 조합해 이미지를 만들 때 의식되는 순서대로 만드는 것처럼 보여도, 실제로는 그 순간 수용된 모든 정보를 해석한 갖가지 영상이 동시에 만들어지고 있다고 할 수 있기 때문입니다. 그렇게 만들어진 이미지 가운데 주의를 받는 것이 그때의 의식내용이 된다는 것이지요.

인지시스템이 그렇기 때문에 익혀 온 습관을 거슬러 고요히 지켜보는 마음 상황을 만들어 간다면, 고요한 마음이 주의가 기울여진 이미지이면서 다음 찰나의 의식내용에도 큰 영향을 미치게 되므로 지켜보는 마음이 상속되는 수행이 이루어질 수 있다는 것입니다.

마음을 챙기는 힘이 무의식층에서 작용하고 있는 해석 상황과 몸의 상태에 영향을 주기도 하고, 그 반대도 마찬가지이기 때문에 수행의식의 상속도 이루어질 수 있다는 것이지요. 예를 들어, 미국의 통계입니다만, 유치장에 있는 사람들을 구속상태에서 재판을 받게 할 것인지, 불구속상태에서 재판을 받게 할 것인가를 결정하는 배심원들의 판결 내용을 보면, 점심 한 시간 전에는 약 25%만 불구속상태에서 재판을 받게 했으나, 오후 2시에서 3시 사이에 오는 사람들은 약 75%가 불구속상태에서 재판을 받게 했다고 하는데, 이는 배고픈 상태나 배부른

상태냐가 배심원들의 판단에 영향을 줬을 것이라는 것입니다(몸의 상태가 심리상태에 영향을 준다는 데서는 크게 이의가 없겠으나, 위의 예처럼 3배 정도로 강한 영향을 미칠 것이라고는 생각하지 못했다는 연구결과입니다).

사람의 경우는 생각을 다시 생각한다는 일이 쉬운 일이라서 몸과 마음을 구분하고 각기 다른 실재가 함께 있는 것처럼 여기기도 하지만, 진화과정에서 의식이 생기기 전을 보면 무의식적인 몸의 활동이 인지활동 전부였기 때문에, 의식적인 인지활동이 대단히 특별한 활동이라고 할지라도 그 활동의 주체가 몸과 별개로 존재한다고 할 수 없기 때문에 위의 예와 같은 일이 일어날 수 있다는 것입니다.

이와 같은 예가 뜻하는 것은 생각 하나 일어나고 사라지는 것도, 확대해서 말하면 시공간의 전역사가 만들어 내고 있다는 것입니다. 생명의 진화가 있었기에 의식현상이 발생했다는 것이며, 이 또한 우리의 신체가 주고받는 물리현상을 기반으로 일어나고 있다는 것이며, 물리현상의 변화가 정보의 변환이면서 온갖 사건·사물의 흐름이 되기 때문이라는 것입니다. 한순간의 생각과 말과 행동이 그 순간의 자신의 세계를 규정한다고 이야기하는 까닭도 여기에 있겠지요.

낱낱 사건들은 중첩된 우연과 필연에 의해서 되어 가는

사건들이라고 할 수 있으므로, 생각 하나에도 필연적인 요소(DNA나 기억의 자모음 : 이 또한 우연에 의해서 만들어진 요소이지만 일정 기간 동안은 필연으로 작용한다고 봄)와 그 요소들의 작용에 온갖 우연이 개입되면서(그렇기에 DNA의 변이도 있을 수 있고, 우연적 변화를 해석하기 위해서 뇌신경의 배선에는 유연성이 담보되어 있다고 할 수 있습니다) 생각이 발생한다는 것입니다.

바꾸어 말하면 마음챙김으로 심상에 현혹되지 않는 마음을 쓸 수 있게 된다는 것은, 의도적으로 마음현상을 조율할 수 있다는 것이며, 신체화되어 있는 필연과 우연의 영역에도 영향을 줄 수 있다는 것입니다. 그래서 『화엄경』에서는 "마음이 생겨나면 세계가 생겨난다"라고 이야기했겠지요. 그렇기에 마음챙김을 한다는 것은 기억의 자모음이 만드는 패턴을 조율해 심상을 만드는 알고리즘을 재편하는 일이 되며, 재편된 알고리즘은 지금까지와 다른 세계 해석을 현상하는 것과 같다고 하겠습니다.

만들어진 심상이 그때의 세계 이해가 되며, 그 이해가 세계를 규정한다는 것입니다. 이는 심상을 만들 때, 곧 감수된 지금 여기의 정보를 해석할 때 기억정보가 수용된 정보보다 훨씬 많이 참여하고 있는 것이 증명한다고 하겠습니다. 이것이 뜻하는 것은 마음챙김으로 생긴 새로운 기억정보에 의거해 수용된 정보를 무상무아로 해석하는 의미체계가 작동할 때 깨달은 세계가 펼쳐진다는 것입니다. 정보가 작용하는 알고리즘으로 보면 다름이 없고 드러난 정보의 색깔로 보면 다른 세계가 새로 나타난 것과 같다는 것이지요. 수용된 정보 그 자체가 의미를 규정하는 것이 아니라 그 정보를 해석하는 행위에 의해 의미가 생겨나는 것과 같기 때문에 깨달음이라는 의미체계로 정보를 해석하는 순간 깨달은 세계가 열린다는 것입니다.

융합된 시공간

인지의 알고리즘으로 보면 한 생각 속에 과거-현재-미래가 융합돼 있기 때문이며, 과거가 만든 미래가 현재를 만나 변용되고 있는 과정, 곧 수용된 정보가 해석되어 의미를 갖게 되는 과정이 인지의 흐름이기 때문입니다. 이성적 판단이건 감성적 판단이건 판단이 일어나는 과정과 그에 따라 일어나는 생각과 말과 행동의 양상 모두가 과거-현재-미래와 여기저기를 내포하면서 지금 여기처럼 나타나는 사건이라는 것이지요.

그리고 그와 같은 사건은 다시 알고리즘의 작용 양상에 영향을 주기 때문에 과거를 바꾸는 일이 되면서 또다른 미래를 준비해 가는 현재가 된다고 하겠습니다. 기억정보이지만 그것이 과거의 사건만도 아니고, 해석된 현재이지만 그 또한 현재만을 해석한 것이 아니며, 예측한 미래이지만 결정된 미래가 아니라는 뜻입니다. 마음작용이라는 하나의 사건이 과거-현재-미래와 여기저기를 찰나찰나 새롭게 리셋하면서 시공간의 이미지를 연출한다는 것이며, 연출된 그 세계만이 자신의 세계가 된다는 것입니다.

생각과 판단이라는 사건은 필연과 우연, 결정과 비결정, 자율과 비자율 등등이 혼융되어 일어났다 변해 가는 사건이기 때문에 나의 세계이해가 나의 세계이면서 나만의 세계이해가 아닐 수 있고, 나의 판단이 나의 판단이면서 나만의 판단이 아닐 수 있다는 것이지요. 이와 같은 인지의 알고리즘을 이해하는 것이 집착을 내려놓을 수 있는 인지의 기초를 만드는 것이라고 할 수 있습니다. 코딩된 것을 배우는 데 그치지 않고 인지의 알고리즘을 새롭게 코딩해 가는 것이 생각이라는 사건의 실상과 계합한다는 것입니다. 이것이 생각의 힘을 길러 가는 방법입니다.

사람들끼리 주고받는 말을 이해할 수 있는 것도 사람들이 만들어 놓은 인지의 알고리즘 덕분입니다. 이와 같은 인지시스템은 약 10만 년 전부터 쓰기 시작한 것으로 인류사회가 공용하고 있는 것이라고 할 수 있습니다. 그리고 이것이 가능한 것은 약 17만 년 전 현생 인류에게 언어를 발생시키는 유전자 가운데 하나인 FOXP2유전자에 변이가 일어나자 그에 따라 구강구조 등이 변하면서 자모음을 풍부하게 발음할 수 있는 뇌의 알고리즘이 생기고 나서 풍부한 정보를 주고받을 수 있었기 때문이라고 합니다.

FOXP2유전자의 변이로 이전까지의 생활공동체를 넘어 풍부한 언어정보를 매개로 하는 새로운 생활공동체가 탄생하게 됐다는 것입니다. 이것이 뜻하는 것은 새로운 사회적인 인지 알고리즘이 형성됐다는 것이며, 인지시스템의 작용 양상으로 보면 개인이 타고난 보편적인 지각규칙에도 큰 변화가 생겼다는 것입니다.

뇌의 해석작용이 이와 같기 때문에 어떤 분은 뇌의 작용 가운데 가장 중요한 것은 자신의 판단을 합리화하는 일이라고 할 수 있다고 했으며(여기서 합리화란 자신의 알고리즘에 맞춘다는 뜻도 포함됐다고 하겠습니다), 어떤 분은 뇌 속에 또 다른 뇌가 있다고도 이야기했습니다(또 다른 뇌란 기억의 자모음을 어떻게 배선하느냐에 따라 수용된 정보의 해석이 다양하게 일어날 수 있다는 이야기라고 할 수 있겠지요).

그렇다 보니 몸의 상태가 문제가 없을 때는 다양한 부분 작용들을 통합하여 나름의 합리적이고 통일된 해석을 하지만, 몸의 상태가 현저하게 안 좋을 때는 각 부분이 만들어 준 조각들을 통합하여 일관된 이미지를 만들지 못한 상황이 생기기도 합니다. 그 가운데 한 가지 예는 몸이 지친 상태로 에베레스트 산의 정상에서 내려올 때, 자신의 몸 전체에서 발생하는 정보를 통합할 수 없을 만큼 지친 상태가 될 때가 있는데, 이때에는 발바닥에서 오는 정보를 자신의 몸에서 일어난 정보라고 해석하지 못하고 귀신이 뒤따라오고 있다고 해석하기도 한다는 것입니다. 뇌의 각 영역들이 자신이 해야 할 일을 하지 않을 때도 일상과 같은 통합 이미지가 만들어지지 않듯, 정보를 통합하는 영역이 제 기능을 충분히 하지 못할 때도 엉뚱한 해석을 하기도 한다는 것이지요.

엉뚱한 해석 가운데 또 다른 예는 자신의 한 손을 책상 밑에 숨기고, 다른 손과 고무 손을 나란히 두어서 눈으로는 자신의 한쪽 손과 고무 손이 보이도록 해놓은 다음, 보이는 손의 손등과 책상 밑에 숨겨진 손의 손등을 계속 문지르다 보면 손에서 오는 감각과 눈에서 오는 고무 손의 시각정보가 통합되면서 고무 손에서 손등의 느낌을 느낄 수 있게 된다고 합니다. 앞의 예처럼 어떤 경우는 각 영역에서 오는 정보를 통합하지 못해 엉뚱한 해석을 하기도 하며, 어떤 경우는 각 영역에서 오는 정보가 엉뚱하게 통합되면서 잘못된 해석을 하기도 한다는 것입니다.

리셋해야 할 인식의 토대

이상의 예는 우리가 우리 자신을 볼 때 어떻게 보아야 하는가를 되돌아보게 한다고 할 수 있습니다. 학습된 삶의 이유가 언제나 삶의 실상과 상응하는 것도 아니라는 것을 잘 알고, 인식의 토대를 리셋할 필요가 있다는 것이지요. 리셋하기 위한 필요조건은 마음챙김이라고 할 수 있습니다. 마음챙김으로 생각의 흐름을 있는 그대로 알아차리다 보면, 새로운 합리화의 조건들이 형성되어 이전과 다른 해석채널이 현상하는 것을 경험하게 되면서 생각길을 유연하게 변환할 수 있기 때문입니다. 마음챙김이 깊어지면 익숙한 생각길에서도 흔들리지 않고, 새로 만든 심상에도 현혹되지 않으면서 찰나마다 과거-현재-미래와 여기저기에서 발생한 정보를 제대로 통합할 수 있다는 것입니다.

인도의 경우에는 불교가 그 일을 했다고 할 수 있으며, 근대 유럽의 경우에는 스피노자(Baruch de Spinoza)나 니체(Friedrich Nietzsche)가 그 일을 어느 정도 했다고 할 수 있습니다(여기서 어느 정도라고 하는 것은 불교만큼 수행체계를 정립했다고 하기 어렵다는 것입니다). 그 일이란 익숙한 사유체계를 전복하는 일로, 내부에 또아리를 틀고 있는 잘못 학습된 이미지를 걷어 내기 위해 기억의 자모음을 재구성하는 배선도를 바꿔 새로운 인지의 배선망을 만드는 일이었으며, 새로 만들어진 이미지에도 집착해서는 안 된다는 해석체계를 심는 일이었습니다.

그렇게 할 수 있었던 것은 생각의 힘을 길러 답습된 지식망에 구멍을 냈을 뿐만 아니라 마음챙김을 통해 판단이 중지되는 경험과 판단의 근거가 통째로 사라지는 경험을 했기 때문이라고 할 수 있습니다. 내재된 언어판단의 굴레를 벗어나고 보니 빈 자리에서 온갖 이미지가 생성되고 소멸되는 것을 직접적으로 경험할 수 있었다는 것이지요. 깊은 마음챙김을 통해 없음도 없음이 아니고 있음도 있음이 아니며, 없음에서 있음이 발현되고 있음에서 없음이 생산되고 있는 것을 알게 됐다는 것입니다.

불교에서는 이와 같은 사건의 흐름을 새로운 주체가 생겨나고 사라지는 것과 같다고 여겼습니다. 인연 따라 변해 가는 그 모습이 순간순간 새로운 주체가 생성되는 것과 같다는 것이지요. 이 말은 주체라고도 할 수 없는 사건·사물들이 상호작용으로 그 모습을 달리하면서 상속된다는 것입니다. 스피노자의 경우에는 마음과 몸을 달리 보면서 마음 중심으로 사건·사물을 이해하는 방식이 생명 흐름의 실상과 계합한 이해가 아니라고 했으며, 니체의 경우에는 주체 중의 주체라고 할 수 있는 신을 사유체계에서 빼 버릴 것을 요구했다고 할 수 있습니다. 니체가 그렇게 할 수 있었던 것은 본질개념의 최고봉이라고 할 수 있는 신이 실재하지 않는다는 것을 알았기 때문일 것입니다.

답습된 지식 내려놓기

어느 경우에나 답습된 지식을 내려놓은 결과라고 할 수 있습니다. 이분들의 이야기는 답습된 지식을 재배치하거나 새로 밝혀진 사실로 대체해서 새로운 사유통로를 만들라는 것입니다. 니체는 이 통로를 완성했을 뿐만 아니라 완성된 통로조차 바꾸는 것을 주저하지 않는 사람을 초인이라고 여겼던 것 같습니다.

이와 같은 변화가 한 사람에게서 일어나기도 하지만 시대적 조건이 만들기도 합니다. 요즘 젊은이들을 N포세대라고 이름하기도 하고 연령대에 따라 밀레니얼세대, Z세대라고 이름한 것이 좋은 예라고 하겠습니다. 그 가운데 결혼과 출산의 포기는 무한경쟁에 자신의 후손을 내몰아서는 안 되겠다는 무의식적인 내외부의 신호를 현실적으로 반영한 것이라고 할 수 있습니다.

생존조건에 따라 생물의 적응 양상도 변한다는 것이며, 그것이 무의식층에서부터 먼저 일어나고 있다는 것입니다. 자신이 의도하기도 전에 인지의 배선망이 먼저 변한다는 것이지요. 그리고 변한 체계를 토대로 의식적인 합리화가 다시 이루어지면서 변한 알고리즘의 사유체계를 더욱 공고히 다져 간다는 것입니다.

공감 – 확장된 자기

DNA가 만들어 주는 인지시스템에는, 곧 부모세대가 후손에게 물려주는 보편적 지각규칙에는 생존조건과 상응하여 새로운 인지통로를 만들라는 명령어가 있는 것과 같습니다. 모든 사람이 생각의 지도를 만들 때 지도의 3분의 1 정도는 환경의 영향을 받아 만들어지기 때문입니다(생각의 지도란 시냅스의 연결망을 뜻하며, 대략 25세가 되면 기본망이 완성된다고 합니다. 기본망이 완성되고 나서도 조건에 따라 유연하게 재배치되기도 하므로, 25세 이전처럼 왕성하지는 않지만 새로운 학습이 끊임없이 지도화되면서 생각의 지도가 변해 간다고 할 수 있습니다).

갓 태어난 아이에게는 시행착오를 거쳐 만들어 가야 할 빈 영역이 있을 뿐만 아니라 만들어진 것조차 커 가면서 (나이 들어서까지) 변할 수 있는 유연성이 있기 때문에 새로운 환경과 서로 다른 문화적 배경에서도 생존할 확률이 높았겠지요. 사람마다 생각의 지도를 만들 때 자기의 조건에 맞게 코딩한다는 것입니다. 그렇다 보니 다른 이의 생각을 공감하거나 이해하기가 쉽지 않은 경우가 많습니다. 공감의 출발점이 다른 사람의 생각을 있는 그대로 인정해 주는 것일 수밖에 없다는 것입니다. 그러다 보면 자신의 생각지도에도 변화가 생기면서 공감할 수 있는 폭도 커져 갈 것입니다.

인류와 유전정보가 98.5%가 같은 침팬지의 경우에는 공감을 이끌어 내는 인지의 알고리즘이 인류에 비해 상대적으로 잘 갖추어져 있지 않은 것 같다고 하는 것만 보아도, 인류의 인지 양상이 무엇이어야 하는지를 말해 준다고 하겠습니다. 어떤 분이 21세기는 공감의 시대라고 말한 뜻이 '21세기는 공감을 희망하는 시대가 아니라 공감이 확장되어야만 인류의 생존이 보장될 확률이 극도로 높아진 시대라는 뜻으로 읽어야 하지 않을까'라는 것이지요.

밀레니얼세대니 Z세대니 하는 말은 그 연령에 해당되는 세대가 서로 공감하면서 만들어 낸 새로운 인지네트워크라고 할 수 있다는 것입니다. 상대성이론과 양자역학을 바탕으로 정보의 유통망을 만들어 내는 기술발전이 물리적 현상에만 영향을 미치는 것이 아니라 그것과 더불어 사유의 양상조차 변하게 하고 있다는 뜻입니다.

생각을 확장케 하는 기술변화

디지털 기반이 만들어 내고 있는 헤아릴 수 없이 많은 정보가 통통 튀면서 작용하고 있는 정보의 장에서 새로 생산된 데이터가 쌓이고, 그렇게 쌓인 빅데이터를 정리하는 새로운 알고리즘에 의해 정보네트워크가 확장되면서, 사람의 생각도 확장될 수밖에 없다는 것입니다. 무엇에 기반했든지 간에 세대차가 빠른 속도로 이루어지고 있다는 것은 생각의 지도가 빠르게 변환되고 있다는 것을 보여 준다고 하겠습니다.

젊은 세대일수록 새로운 현상을 잘 받아들일 수 있는 것은 타고나면서 정해지는 지각규칙의 시냅스 연결망 밖에 새로운 환경과 학습을 통해서 만들어 가야 하는 영역이 많기 때문일 것입니다. 바꾸어 말하면 젊다는 것은 기억정보의 코드화가 덜 강화됐다는 것이며, 새로운 정보와 접속하여 다가올 미래를 예측하는 코드를 만들면서 현재를 살아가는 데 유연성이 작용할 수 있는 폭이 넓은 시기라는 것이지요.

반면, 나이 든다는 것은 코드화된 기억정보의 양이 많아진다는 것이며, 그 결과 새로운 정보를 코드화하기가 어렵다는 것입니다. 뇌신경망의 연결 부위인 시냅스에 가소성이 있기 때문에 일생 동안 새로운 정보와 접속할 수 있는 통로를 만들 수는 있지만 쉽지는 않다는 것입니다. 새로운 통로가 개설되기 위해서는 새로 연결되는 시냅스가 견고해져야 하는데, 신경망의 시냅스 연결이 견고해지기 위해서는 시냅스의 특정 단백질이 단단해지면서 망의 패턴화가 이루어질 수 있을 정도로 접속의 강도나 빈도수가 높아야 하기 때문입니다.

어리다는 것은 기억의 알고리즘을 만들어 생각의 지도를 확장해 가는 성격이 강하다고 할 수 있는 반면, 나이 들었다는 것은 이미 형성된 기억의 자모음으로 접속된 정보를 해석하는 경향성이 클 수밖에 없다는 것입니다. 같은 생각을 자주 한다는 것은 만들어진 기억 패턴과 그것이 작용하는 알고리즘을 강도 높게 체화해 가는 것과 같기에, 일단 기억작용의 코드가 자리 잡고 나면 누구라도 그 마음을 내려놓기가 힘들게 되는 까닭도 여기에 있다고 하겠습니다.

그렇기 때문에 자신과 이웃을 이해하고 공감하기 위해서는 일어나고 사라지는 마음현상을 있는 그대로 알아차리는 연습과 그와 같은 마음현상이 일어나는 까닭, 그리고 무엇이 그것을 알아차리고 있는지를 여러 방면으로 '따져 물어보는 것'(비판)이 필요합니다. 답습된 지식의 편의성을 넘어서야 할 때가 많은데 그것을 넘어설 수 있는 힘은 따져 물어보는 데서 생기기 때문입니다. 따져 묻는 연습이 자기 삶을 자기답게 만든다는 것입니다. 이와 같은 연습이야말로 답습된 지식에 구멍을 뚫는 데에 그치지 않고(이 일도 쉽지 않습니다), 그 구멍으로 새로운 연결망을 만들면서 지금 여기를 온전히 살아갈 수 있는 힘을 비축해 가는 내재적 운동이 된다는 것입니다.

이 일이 필요한 것은 특정 세대만이 아닙니다. 익숙한 생각길에서 내려와야 할 일은 누구에게서나 일어나기 때문입니다. 가열차게 새로운 생각길을 만들어 가는 것이 젊은 시대를 관통하는 뇌의 특징이긴 하지만, 그렇게 만들어진 생각길을 지워야 할 때 지우지 못한다면 코딩화되어 있는 인지의 알고리즘에 머물고 마는 사건이 되고 말 것입니다. 내면화된 운동이라고 정의하기도 하는 생각이 특정 이미지에 머물러 있다는 것은 집착이라는 심리현상을 강화하는 운동이 되고 만다는 것이지요.

사람에 이르러 과거의 경험을 기억으로 남겼을 뿐 아니라 내일을 추상하고 예측하게 되면서, 기억정보를 토대로 예측한 미래를 길잡이 삼아 현재를 살아가다 보니, 많은 경우 현재를 살면서도 내용상으로는 현재를 살지 못한 경우가 많아졌다는 것입니다. 실제로는 현재는 과거가 미래에 자리를 내주는 순간이라고도 할 수 있으며, 미래가 현재를 밀어내면서 과거를 만드는 순간이라고 할 수 있으니, 현재를 산다는 것 또한 그리 만만한 일이 아닙니다.

따져 물을 수조차 없는 상태

언어분별을 통해 정의되고 추상되는 것들이 실재와 얼마나 상응하고 있는가를 따져 물어야 하는 문제 가운데 하나가 지금 여기라는 개념입니다. 오히려 지금이라는 시간 개념을 내려놓고 보면 언제나 지금을 산다고 할 수 있지만, 생각은 지금을 사는 것이 아니라 미래를 예측하면서 과거를 변주하는 일이라고 할 수 있기 때문에, 생각을 쉬지 않으면 지금 여기를 살기 어렵고, 생각을 쉬면 정보의 상속을 그려 내기 어렵기에 흐르는 순간을 사는 일이 쉽지 않다는 것입니다.

답습된 생각이 쉰 순간은 자신의 세계를 있는 그대로 산다고 할 수 있고, 답습된 생각에만 머문다면 환상을 자신의 세계로 여긴다고 할 수 있다는 것입니다. 생각의 흐름이 이와 같기 때문에 의식이 분명하게 깨어 있는 상태에서 생각이 쉰 것과 같은 경험(이 상태를 선정의식 상태 가운데 하나라고 할 수 있습니다)을 하게 되면, 생각(베타파 상태)과 생각이 쉰 상태(알파파 상태)의 차이를 분명하게 알 수 있고, 더 나아가 빈 마음 상태를 경험하게 되면 새로운 자아가 창발적으로 드러나고 있는 사실을 직관하는 일이 된다고 하겠습니다.

자아라는 개념지를 통해 '나는 누구인가?'를 묻고 있는 것은 자아와 멀어지는 일을 하는 것이 되나, 묻고 있는 의식상태가 깊어지면 개념지가 작용하는 익숙한 생각길의 작용이 쉬게 되면서 되어 가는 사건으로서의 자아를 체험하게 된다는 것입니다. 그래서 도통한 옛분들께선 '익숙한 언어의 통로 등이 작용하지 않고(言語道斷), 습관적으로 작용하고 있는 이미지 만들기가 쉬게 되면(心行處滅), 도(道)가 스스로 드러난다'고 했겠지요.

따져 묻되 따져 물을 수조차 없는 상태에 이르러야 '중첩된 자아'(無我)와 되어 가는 자아(無常)가 분명하게 보인다는 것입니다. 실제로는 보는 것이 아니라 보는 사건마다 지금 여기를 온전히 드러내는 단 하나의 자아라고 할 수 있겠지요. 볼 수 있고 정의할 수 있는 자아는 이미 지금 여기를 산다고 할 수 없다는 것입니다. 이 일은 마음챙김이 익어진 정도에 따라 뇌의 특정부위의 작용 스위치가 켜지거나 새로운 연결통로가 생기면서 발생하는 앎입니다. 무엇(마음)이 아는 주체가 아니라 내외부의 연기적 연결망이 특정한 색깔을 만들고 그것이 마음처럼 드러난다는 것이지요.

마음챙김의 깊이

마음챙김이 순일해지고 깊어진다는 것은 일어나고 사라지는 마음현상을 흔들림 없이 지켜볼 수 있는 상태(이 상태는 만들어진 이미지에 현혹되지 않는 마음씀이라고 해서 청정한 분별이 일어나고 있는 상태라고 할 수 있습니다)에서 점점 알아차림과 집중의 강도가 강해진다는 것입니다. 그러다 보면 언어분별을 동반해서 사건·사물을 판단하고 있는 신피질의 전전두엽의 특정 영역과 시공간의 위치를 분별하는 정위 영역의 스위치가 꺼지면서 지극한 행복감과 우주와 합일된 것 같은 무분별을 경험하기도 하고, 더욱더 집중의 강도가 높아지게 되면 사건·사물에 대한 지각이미지가 있는 것도 아니고 없는 것도 아닌 상태를 지나 뇌간의 지각 스위치가 꺼지면서 빈 마음 상태를 경험하기도 합니다.

이런 과정에서, 곧 의식 집중의 밀도와 강도가 강해지는 과정에서 경험하는 다양한 세계를 불교에서는 천상 등의 세계를 경험했다고 이야기하고 있습니다. 일상의 세계건 천상의 세계건 연기적으로 작용하고 있는 마음이 만든 세계라는 뜻입니다. 마음이 만든 세계라는 뜻에서 우리들이 맞닥뜨린 세계는 환상의 세계와 같다고 할 수 있습니다. 그렇다고 환상의 이면에 실재의 세계가 있는 것도 아닙니다. 모든 사건·사물들이 인연 따라 되어 가는 본바탕이 무상성과 무아성이기 때문입니다.

전찰나의 이미지를 허물면서 후찰나의 이미지를 만들어

가는 것이 사건·사물의 흐름이라는 것이지요. 그래서 그런지 우리들의 인지시스템 또한 그와 같습니다. 경험 내용을 여러 조각으로 나누어 기억하고 있으면서 찰나찰나 이들 조각들을 모아 내부영상을 만들어 접속된 정보를 해석하고 있는 인지시스템이 사건·사물들의 흐름과 같다는 것이지요. 그렇기는 해도 한 번 만들어진 기억 조각들의 강도가 쉽게 변할 수 없는 한계에 의해 지금 여기를 해석하는 데도 한계를 갖게 됩니다. 오랜 시간이 지나면 정보를 해석하는 데 참여하는 조각들에 의해 현재를 왜곡하게 된다는 것입니다.

기억정보에 의거해 수용된 정보에 의미를 부여하는 일이 현재의 삶에서 소외되는 결과를 낳더라도 그 해석이 현재의 사건을 올바르게 해석하고 있다고 고집하는 일이 벌어진다는 것이지요. 이를 집착이라고 하며, 답습된 지식(業)에 매인 삶이라고 합니다. 답습된 지식 가운데 유용성이 컸던 것일수록 강도 높게 작용하는 기억 조각으로 남아 있으면서 되어 가는 현재를 멈춰 세우는 큰 힘으로 작용하기 때문입니다.

답습된 분별을 넘어서

이 힘을 넘어서기 위해서 니체는 독수리와 뱀을 친구로 삼았다고 할 수 있습니다. 되어 가는 사건·사물들을 독수리처럼 높은 위치에서 전체적으로 조망해야 할 뿐 아니라 뱀처럼 그 사건들과 직접적으로 접속하면서 생명흐름의 실상을 알아차려야 이미지의 허구를 넘어설 수 있다는 것이지요.

답습된 지식의 허구를 살필 수 있는 눈을 갖추어야 자신의 삶을 살 수 있다는 것이며, 진정으로 자신의 삶을 사는 이들이 초인(사람을 넘어선 사람)이라는 것입니다. 그래서 니체는 신의 신도가 되면서 신 그 자체인 스스로를 죽인 것과 같다고 하여, "신은 죽었다"라는 선언을 할 수밖에 없었다고 하겠습니다.

이런 뜻에서 불교에서는 분별된 이미지에 집착하지 말라고 합니다. 왜냐하면 개체는 분별된 개체로서 존재하는 것이 아니라 분별될 수 없는 생명계 전체의 인연망으로 존재하기 때문입니다. 분별되고 해석된 이미지에 집착한다는 것은 낱낱 사건·사물들의 모습으로 생명계 전체가 드러난 것인 줄 알지 못한 인지시스템을 넘어서지 못했다는 것입니다. 헛소리를 하면서도 그 내용이 헛소리인 줄 모른다는 것이지요. 헛소리만을 내뱉고 살고 있는 양상이 실제로는 죽은 신으로 살고 있다는 것이며, 이를 넘어서야 비로소 신으로서의 인간성을 회복하게 된다는 것입니다.

그래서 『차라투스트라는 이렇게 말했다』에서 니체는 헛소리하는 대표 주자들을 불러놓고 그들 이야기가 헛소리에 지나지 않는다는 것을 백일하에 드러나도록 했으며, 마지막 부분에 당나귀축제(현재의 삶에 몰입된 상태를 은유적으로 표현한 것)를 하면서 답습된 지식을 넘어 현재를 온전히 사는 양상을 보여주려고 했겠지요.

인류가 현재의 삶을 사는 데 답습된 지식정보가 중요한 역할을 했다는 것은 두말할 필요도 없겠지만 다른 한편 해석된 이미지 속에 기억의 조각들이 너무 많이 개입돼 있고, 그 가운데 미래에 대한 불안 조각이 강도 높게 개입되면서 지금 여기, 곧 삶을 드러내는 단 한 순간을 잃게 했다는 것입니다.

독수리나 뱀 그리고 당나귀 등의 인지시스템이 작동하는 해석 내용에는 과거의 회한과 미래의 불안을 현재화하지 않는 반면, 사람의 현재 인식에는 과거나 미래의 색채가 너무 진하다는 것입니다. 그렇기에 니체는 답습된 이미지의 정점에 신에 대한 이미지가 있다고 여겼으며, 신의 이미지를 넘어서야 비로소 사람으로서의 삶이 있을 수 있다고 여겼겠지요.

채워 넣기

이 말은 신을 넘어 축제에 몰입된 상태에서의 인지는 현재의 사건들을 있는 그대로 받아들이고 있다는 것이며, 이미지만을 좇아 이리저리 널뛰고 있는(생각이 많은) 상태에서의 인지는 기억정보로 현재를 채우면서 미래를 그리고 있다는 것을 뜻하기도 합니다. 예를 들면 사람의 경우에는 앞에 있는 사람이 옷을 갈아입었다고 해서 그 사람을 다른 사람으로 인지하지 않지만 동물은 다른 사람으로 인지하기도 하는 것과 같이, 내부이미지를 대하는 인지시스템 자체에서, 사람에게는 추상성이 동물에게는 현재성이 더 강한 인상으로 다가온다는 것입니다.

그래서 어떤 학자는 사람의 인지 특성을 '채워 넣기'라고 이야기하기도 합니다. 무엇을 어떻게 채워 넣을까가 자신의 세계상을 정립하는 것이 되고, 그것만이 자신이 접속하고 해석할 수 있는 세계라는 것입니다. 진화의 과정에서 사건·사물에 대한 일관성 있는 내부이미지(이 이미지를 사건·사물의 본질이라고 여기게 됐다고 하겠습니다)를 만들어 살 수 있는 공능이 사람에 이르러 생겨났기 때문입니다. 기존의 언어이미지를 사용하기도 하고 새로운 색깔로 변환하기도 하고 추상적 이미지를 만들기도 하는 공능입니다. 사람들끼리 인간만의 세계상을 만들어 공유하면서 인식을 확장할 수 있게 된 것도 '채워 넣기' 기술 덕분이라는 것입니다.

사람의 인지시스템 그 자체에 채워 넣을 수 있는 공백(어쩌면 채워 넣어야만 하는 공백)이 있었기에 참선의 경험은 의도하지 않았다고 하더라도 적극적으로 뇌신경망의 연결스위치를 조율하는 것과 같았으므로, 곧 새로 만들거나 끄거나 바꾸는 것과 같았으므로, 결과적으로 새로운 세계상을 연출하는 신경망의 패턴을 만드는 것과 같다고 하겠습니다. 참선으로 이전의 세계상을 지우기도 하고 이전에 경험해 보지 못했던 다양한 세계상을 만들 수 있는 공능을 체화할 수 있는 것도 채워 넣을 수 있는 공능이 있기에 가능했다는 것입니다. 더 나아가 빈 공간을 채워 넣는 일을 할 때, 사회구성체 간에 언어개념을 통해 지각 내용과 느낌을 비슷하게 채워 넣을 수가 있어, 곧 타고난 지각규칙이 같아 공감영역을 확장할 수도 있었겠지요.

채워 넣기 기술이 확충된 인간에 이르러서야 생각을 생각할 수 있게 됐고, 생명공동체(연기법)를 사유할 수 있게 됐다는 것입니다. 사람마다 유전정보를 토대로 만들어진 생각의 지도를 보면 이름이 같은 것에 대한 심상만들기와 의미부여가 동일한 양상으로 이루어질 수는 없지만, 그 부분까지도 어느 정도 공감할 수 있는 것은 인식내용에 사회적 동의가 포함되면서 인식의 영역이 확장될 수 있었기에 가능했다는 것입니다.

니체의 생각을 빌려서 말하자면 공감하는 인식영역을 확장하는 기술이 초인의 기반이 된다고 하겠습니다. 문학적 상상력으로 다양한 삶의 모습을 그려 내고 있는 일이 단지 문학세계에 국한되는 것이 아니라 보이지 않는 인간의 인식세계에서는 항상 일어날 수 있는 일이라는 뜻입니다.

인식영역을 확장하기

퇴임한 판사가 자신이 쓴 책에서 '똑 부러진 법률적 판단이 중요하기는 하지만, 그 속에 확장된 문학적 상상력이 가미되어야 좋은 판결이라고 할 수 있다'라고 한 이야기도 '공명하는 인식의 영역이 확장된 것이 인간이다'라는 이야기와 맥을 같이 한다고 할 수 있겠지요. 한 사람 한 사람으로 보면 매 순간 새로운 생각길을 만들면서, 곧 새로운 세계상을 만들면서 다른 세계를 살아간다고 할 수도 있지만, 인식내용이 시공간상으로 확장되고 있기에 정보의 상속과 공유도 가능하게 됐고, 걸어 보지 않은 길도 상상할 수 있게 됐다는 것입니다. 새로 만난 세계상이 처음으로 만나는 세계가 아니고 인식내용이 확장된 세계라고 할 수도 있다는 것이지요.

참선이 인식의 토대를 전환하는 일이면서 같은 일도 새로운 일처럼 대하는 능력을 확충하는 일이 되는 것도, 내부에서 일어나는 인지의 변환을 직접 경험하고 나면 인식의 영역도 확장되기 때문일 것입니다.

인식의 영역을 확장하는 상상력을 기른다는 것은 다가올 미래를 불안하지 않게 볼 수 있는 안목을 기르는 것과 같습니다. 그 까닭은 이미 만들어진 욕망의 코드를 내려놓고 사건들을 볼 수 있게 된다는 것은 같은 세상을 다른 식으로 본다고 할 수도 있지만 실제로는 새로운 세상을 창조하는 것과 같기 때문입니다. 생각이 바뀌면 세상도 바뀐다는 것입니다. 예를 들어 미래의 사건을 예상하는 인지의 배선망에서 불안을 야기하는 배선을 조율할 수 있다면 쓸데없이 불안해하는 사건이 인식상에서 일어나지 않을 수 있다는 것입니다. 자신의 미래가 바뀐 것이지요. 미래가 바뀌었다라는 것은 미래를 준비하는 과거의 경험정보도 바뀌었다는 것을 뜻하므로, 실제로는 과거-현재-미래가 모두 바뀐 것이라고 할 수 있습니다.

미래를 불안해하지 않는다는 것은 탐욕이라는 코드를 통해 자신과 가족 그리고 이웃을 보지 않게 됐다는 것입니다. 이 말은 자신뿐만 아니라 아들 딸들을 있는 그대로 온전히 안아줄 수 있는 넓은 품을 확보했다는 것입니다. 특정한 미래를 기대하는 마음을 내려놓는 순간 현재화하는 삶의 양상 모두가 기대를 충족시키는 사건이 된다는 것이지요. 학습과 마음챙김을 통해서 답습된 지식으로 보는 것이 세상을 보는 정답이라는 생각을 내려놓으면, 곧 기억정보를 바탕으로 만들어진 내부영상에 현혹되지 않고 담담하게 생각의 흐름을 지켜보다 보면, 걸음걸이 하나하나가 충만한 삶을 담아 낸다는 것입니다.

도반이란
무엇인가?

문화시대의 시작

약 6~7만 년 전 사람들한테 인지시스템의 변화가 생겨 여기와 저기, 과거와 미래라는 공간축과 시간축을 연장하여 사유할 수 있게 되면서, 곧 추상적 사고가 가능하게 되면서 길(道)이라는 개념도 생겨났을 것입니다. 지금 여기만을 느껴 알 때는 길이라는 개념지가 생겨날 수 없었다는 것입니다.

지금 여기만을 느끼고 안다는 것은 각자 고유한 좌표계가 있기는 하지만, 비교좌표계라고 할 수 있는 기준좌표계가 없는 것과 같기에, 곧 일어난 일과 일어날 일을 연계할 수 있는 생각길이 만들어지지 않았기에 도(道)라는 개념도 있을 수 없었다는 것입니다. 문화시대에 접어들고 나서야 온갖 사건들이 일어나고 사라지는 길에 대해서 이야기할 수 있게 됐다는 것입니다. 일상의 경험을 특정한 이미지로 일반화하고 그것을 바탕으로 미래를 추상하는 인지시스템이 만들어지고 나서야 길을 추상할 수 있었다는 것이지요. 문화시대란 말 그대로 사건·사물이 언어문자의 이미지(文)로 치환(化)되면서부터 시작된 시대라는 것을 뜻하기 때문입니다.

사건·사물을 언어이미지로 치환하면서부터 경험된 정보를 이해하고 전승하는 일이 수월해진 것은 사실이라고 하더라도, 언어화됐다는 것은 언어가 갖고 있는 한계 속으로 사건·사물을 가두는 역할도 했기 때문에 문자를 바탕으로 길을 생각하는 순간 실제의 길과 만나기 어렵게 됐다고도 하겠습니다.

'길(道)을 생각하는 일'이 길이 길일 수 있는 온갖 조건이 사상된 길의 이미지만을 가지고도 가능하게 됐다는 것입니다(예를 들면 다도茶道 등). 생각의 흐름이 이렇다 보니 변해 가는 사건들의 흐름을 사물화된 존재의 흐름으로 인지하는 뒤집혀진 사유도 발생하게 됐다고 하겠습니다.

그렇기에 절의 일주문에는 '여기에 들어오시는 분들은 언어문자를 기반으로 하는 분별지식을 내려놓으십시오'(入此門來莫存知解)라는 주련이 걸려 있습니다. 이 글이 뜻하는 것은, 분별된 영역에서 무분별의 영역으로 들어가기 위해서는 언어문자가 갖는 한계 밖으로 나가야 된다는 것입니다.

참선을 통해 무분별의 세계를 경험하고 나면, 곧 언어문자에 의한 분별의 길이 끊어지고 이미지(想)를 만드는 일이 일어나지 않는 경험을 하고 나면, 언어와 상응하는 자아의 실상이 무엇인지도 알 수 있게 된다는 것입니다. 자아가 존재하는 것이 아니고 문화시대에 접어들면서 발명됐다는 것을 알게 된다는 것이지요. 중첩된 인연 따라 변해 가는 사건들이 이름을 갖게 된다는 것은 낱낱 사건마다 변치 않는 존재로서 사물화된다는 것이며, 그 이름에 상응한 것이 실재한다고 여기는 사건도 발생된다는 것입니다. 이름 짓는 순간이 그 이름에 해당되는 존재가 발명되는 순간이라는 것입니다.

존재의 실상이 이렇다 보니 생각을 쉬지 않으면 사건의 실상이 보이지 않게 되고 맙니다. 생각은 발명된 실재, 곧 언어화된 존재를 바탕으로 이루어지고 있기 때문입니다. 자아의 정체성을 찾는 일이 실패할 수밖에 없는 까닭도 여기에 있습니다. 꾸불꾸불한 길을 보면서도, 곧 온갖 인연에 의해 길이 만들어지고 있는 것을 보면서도 길이라는 정체성을 조건과 관계없이 끄집어내려는 것과 같은 일이 불변하는 자아의 정체성을 찾는 일이기 때문입니다.

발명된 자아

발명된 자아는 실재하는 자아가 아니라 생각이 만들어 낸 자아이기에 생각 속에서는 있는 것 같지만, 생각의 실상을 자각하게 되면 사라지고 말 자아이기에 찾는다고 찾을 수 있는 것이 아닙니다. 그러므로 '나는 무엇인가?'라는 물음 속에는 '나는 어떻게 나일 수 있는가?'라는 질문이 포함되어야 합니다. 존재로서의 자아가 없는데도 불구하고 자아를 존재로서 보는 이유와 그 존재가 무엇인가라고 묻는 질문이 정당한가라는 반론적인 질문도 필요하다는 것입니다. 세상을 보는 고유좌표계이면서 기준좌표계인 '자아'에 대한 명백한 이해가 있어야 구성원들 간에 이루어지고 있는 사건들의 흐름도 이해될 수 있다는 것이지요.

고유하면서도 그것이 기준이 된다는 것은 공감영역이 완벽하게 겹칠 수 없다는 것을 뜻합니다. 고유한 것조차 불변의 존재 상황이 아니기 때문입니다. 온갖 인연이 중첩되었음에도 불구하고 그것이 드러나는 언어 색깔이 자신의 기준좌표가 될 수밖에 없다는 것이지요. 이 말은 자기 자신의 판단이 자신을 아는 것처럼 드러날 뿐 그것이 자신의 실상일 수도 없다는 것입니다. 그렇기 때문에 유전자가 발현돼, 생각의 지도가 만들어질 때 '환경과 접속하면서 생각의 지도를 만드세요'라는 정보가 있을 수밖에 없었을 것입니다.

이미 유통되고 있는 문화와 접속하면서 자신의 생각지도를 만들 수 있게 그 부분을 공란으로 해놓았다는 것입니다. 역설적이게도 미리 정해 놓은 것이 아니라 "인연 따라 정하세요"라는 이 부분이 문화유전자의 역할을 한다고 해도 과언이 아니라고 하겠습니다. 유전자가 만들어 놓은 기초적인 지도, 곧 타고난 보편적인 지각규칙 위에 환경과 개인의 경험을 문자화해 생각의 지도를 다르게 만들어야 생존에 유리했다는 것입니다. 이 말이 뜻하는 것은 어떤 사건에 대한 한 사람의 판단이 그 사건에 대한 절대적인 판단이 될 수 없다는 것입니다. 자신 스스로에게도 100% 맞는 판단일 수 없는데(배가 부른가, 배가 고픈가에 따라서도 판단이 달라질 수 있다는 것입니다), 다른 사람에 대한 판단은 말할 필요조차 없겠지요. 그러므로 수행을 시작할 때 자신에게 너그러워지는 연습이 필요하다고 하겠습니다. 다양한 자신을 있는 그대로 껴안을 수 있는 폭만큼 함께 인생길을 걸어가는 다른 이들도 껴안을 수 있기 때문입니다.

채움과 비움

공백과 같은 영역에 무엇을 넣을까를 결정하는 일을 자신이 하고 있는 것처럼 보이기에 자유의지가 있는 것 같지만, 이 또한 진화가 선택한 인지의 알고리즘이라 할 수 있으며, 수행으로 알고리즘을 바꾸면, 곧 인지의 배선망을 바꾸면 껴안을 수 있는 영역이 확장돼 공감폭이 넓어질 수 있는 것 또한 진화가 선택한 공능이라는 것이지요. 이와 같은 공감능력은 다른 유인원이나 동물에게서도 발견되지만, 이 능력이 인간만의 독특한 능력이라고 말할 수 있을 만큼 넓고 강하기에, 인간이 인간일 수 있는 이유가 폭넓은 공감능력이라고 말하는 분도 계신 것 같습니다.

특히 자유의지라고까지 이야기될 수 있는 해석의 자유도, 곧 공감의 영역을 확장해 갈 수 있는 인지의 유연도는 타고난 능력이라고 해도 과언이 아닌 것 같습니다. 진화가 의도한 것은 아니었겠지만 자신의 판단을 수정해 갈 수 있는 공능이 있었기에 생명공동체를 꾸려 나갈 수 있는 공감영역을 확대할 수 있었으며, 인간에 이르러서는 이 공능을 의지적으로 실현할 수도 있게 됐다는 것입니다.

앞서 말씀드린 '채워 넣기'가 좋은 예라고 하겠습니다. 예로는 약 5~6억 년 전에 동물에게 눈이 생기고 난 이후로도(식물성 박테리아에게는 눈의 역할을 하는 것과 같은 광수용 세포가 훨씬 오래전부터 있었기 때문에 동물과는 다른 양상으로 작용하는 시지각시스템이 있었는데, 이 박테리아를 먹이로 취한 동물에서 유전적 변이가 일어나 눈이 생기게 됐다고 합니다) 시지각 유전자에 여러 번의 변이가 일어난 결과로 겹눈과 카메라 눈 등이 생겨났으며, 사람에게 해마 등의 변연계와 신피질이 생겨나 장단기 기억시스템이 갖추어지게 되면서 사람의 시지각은 눈이 수용한 감각정보보다 기억정보가 6~10배 참여해 수용된 정보를 해석하면서 발생한다는 것을 들 수 있겠지요. 우리들이 직접 본 것과 같은 시각정보 또한 있는 그대로를 본 것이라기보다는 채워 넣기를 통해서 해석된 정보라는 것입니다.

이와 같은 일은 시지각에 한하는 것이 아닙니다. 의식된 모든 사건·사물들이 채워 넣기를 통해 해석된 결과라는 것입니다. 이 일을 종합적으로 하는 곳이 2~3억 년 전에 생긴 뇌입니다. 그러다가 두 손을 자유롭게 사용할 수 있게 된 현생 인류에 이르러 갖가지 도구를 사용할 수 있게 되면서, 곧 갖가지 도구를 만들고 도구를 사용하기 위한 갖가지 방법을 생각하게 되면서 뇌의 용량도 커지고 사건·사물을 일관성 있게 정리하는 생각길도 다양해질 수 있었다고 합니다(생각이 도구 사용법을 늘렸다기보다는 도구를 쓰게 되면서 다양한 생각길이 생겼다고 주장하는 학자의 이야기를 따르면).

지금의 인지시스템을 보면 지각내용이 외부를 규정한다고까지 이야기할 수 있지만, 인지시스템이 만들어지던 초창기로 가면 신체의 운동 양상이 뇌의 용량도 키우고 인지시스템도 만들어 갔다는 것입니다. 하여 "생각은 내면화된 운동이다"라고 정의한 학자도 있는 것 같습니다. 시공간의 변화를 생각한다는 것은, 이 생각에 앞서 시공간의 변화와 상응한 삶을 살면서 경험했던 내용과 추상된 내용이 생각이라는 운동으로 나타나고 있다는 것이지요.

마음챙김과 내부영상

마음챙김을 하다 보면 이전에 경험하지 못한 갖가지 영상을 보게 되는데, 이는 경험과 추상능력을 바탕으로 한 뇌의 운동이 내부영상으로 변환되어 나타난 것이라고 할 수 있다는 것입니다. 이와 같은 경험은 필연적으로 생각의 영역을 확장할 수밖에 없었다고 하겠습니다.

생각의 실상을 보게 되면, 자신이 만든 내부영상, 곧 내외부에서 수용된 감각정보를 해석한 영상을 내외부에 투사하고, 그것을 내외부의 실재라고 여기고 있다는 것을 알 수밖에 없기 때문입니다. 감각정보를 수용하는 감각기관의 한계와 수용된 정보를 해석하는 뇌의 한계가 사람마다 다 다를 수밖에 없다는 것을 이해하게 된 무의식적인 의지활동이 공감능력을 키웠다고 할 수 있다는 것입니다.

이와 같은 생각의 유연도, 곧 자유의지와 같은 비결정적인 인지공능이 있기에 생명계의 인연과 상응하여 되어 가는 자아로서의 삶을 살 수 있겠지요. 그렇기에 '나란 무엇인가'를 묻는 질문이 존재로서의 자아와 실재를 상정하고 그것을 알아차리려는 것이라면 실패할 수밖에 없습니다. 예를 들어, 뇌 신경세포 가운데 특정 이미지만을 떠올리게 하는 역할세포(이를 할머니 세포라고 부릅니다)가 있다고 해도 그 세포만으로는 할머니를 떠올릴 수 없다는 것과 같습니다.

자아는 기억의 자모음인 여러 패턴들이 시시각각 융합하면서 새롭게 생성되는 사건들을 일반화하여 나와 나의 것이라고 해석된 것에 지나지 않는다는 것입니다. 자아라고 일반화된 언어이미지가 상속되기 때문에 늘 새롭게 생성되는 자아를 자아의 연속체로 여긴다는 것이지요. 변치 않는 연속체로서의 자아가 있는 것이 아니라(그런 자아를 고집하는 것은 자신이 공감하는 영역조차 가장 좁혀진 상태라고 할 수 있겠지요), 그렇게 해석된 내부이미지를 상속하는 뇌의 운동상태가 있을 뿐이라는 것입니다.

자아라는 추상체를 발명하고, 그렇게 발명된 정보가 심상을 만들 때 개입되면서 존재로서의 자아가 의식된다는 것입니다. 자아의식과 같은 실체론적인 인지내용은 발명된 정보를 잃지 않고 집지하고 있는 기억정보에 의존할 수밖에 없으므로, 뇌의 해석에는 이미지에 집착하는 심리현상이 동반될 수밖에 없다는 것이지요. 그렇기에 마음챙김을 할 때 분별된 이미지가 갖고 있는 의미에 현혹되지 말고 그냥 지켜보라고 하는 것은 순간순간 새롭게 되는 '깨어 있는 운동'을 하자는 뜻입니다.

이와 같은 마음챙김은 필연적으로 과거와 미래로 가는 운동이 아니라 과거와 미래를 현재화하는 운동이라고 할 수 있습니다. 일어난 일을 회한한다는 것은 현재를 과거화하는 것과 같고, 일어날 일에 대해 불안해한다는 것은 현재를 미래화하는 일이라고 할 수 있는데, 지금 여기를 사는 운동인 마음챙김이 일어나고 있다면, 과거의 영상과 미래의 영상을 만나더라도 그 영상에 의해 지켜보는 마음이 흔들리지 않는 상태가 된다는 것입니다. 흔들림 없이 지켜보는 현재의 운동이 다시 과거와 미래의 영상에 영향을 주게 되면서, 알아차리는 현재의 운동능력도 증장하게 되며, 증장된 상태만큼 수행공능이 체화되면서 보다 쉽게 평정한 마음을 유지할 수 있게 된다는 것입니다.

걸림 없는 마음운동

마음챙김공능이 체화되고 체화된 만큼 마음챙김이 수월해지면 일어나고 사라지는 사건의 실상인 연기법을 알게 됩니다. 사건마다 필연과 우연이 중첩되어 발현된 것임을 알게 된다는 것입니다. 이와 같은 앎을 지혜라고 하고, 지혜가 증장됐다는 것은 예측된 대로 다가오지 않는 사건이라고 해도 불만족스러운 마음으로 지켜보지 않을 수 있는 힘이 커졌다는 것을 뜻합니다. 사건이 자기의 원대로 발현되기를 바라지 않는 마음운동이 강화된 결과입니다.

이 마음을 불교에서는 수행으로 성취한 세 가지 지혜로운 마음(空, 無相, 無願) 가운데 하나인 '원하지 않는 마음'(無願)을 흔들림 없이 쓸 수 있는 마음운동이라고 했습니다. 바꿔 말하면 사건 그 자체가 원대로 일어날 수 없는데도 불구하고 갖가지 원을 세우고 그 원대로 사건이 일어나기를 바란다는 것은 불만족한 삶을 살고 싶다는 말과 같기 때문입니다. 원이 적을수록 번뇌도 적다는 것이지요.

되고 싶은 자아상을 매개로 자기를 본다는 것은 자아상 그 자체가 발명된 것이므로, 곧 자아상 그 자체가 환상과 같으므로 환상을 만드는 인지시스템을 바꾸지 않는 한 결코 충족될 수 없는 마음으로 자기를 보는 것과 같습니다. '마음챙김의 비법'이 일어나고 사라지는 심리적 사건들을 '그냥 지켜보는 것'인 까닭도 여기에 있습니다. 특정 색깔의 심리적 사건이 일어나기를 원하지 않는 운동은 결과적으로 모든 심리를 껴안을 수 있는 공감의 폭을 넓히는 것과 같기 때문입니다. 지금 여기서 발현되고 있는 자신의 심리상태를 껴안은 운동이 마음챙김이라는 것이며, 마음챙김이 익어진 만큼 내외부적으로 껴안을 수 있는 영역도 넓혀진다는 것입니다.

원을 내려놓는 마음챙김운동은, 결과적으로 자신의 모든

모습을 본래 원했던 모습이라고 볼 수 있는 마음 근육을 만드는 운동과 같다는 것입니다. 원을 가지고 있을 때는 원만큼 부족할 부분이 크게 보였지만(앞서 말씀드린 대로 원이라는 사건이 제 뜻대로 본래 발현될 수 없다는 것을 잊어서도 안 됩니다), 원을 내려놓자 원하던 자기가 자신의 마음거울에 비치는 것과 같기 때문입니다.

자기소외를 극복하기

현재를 사는 우리들이 원을 내려놓기가 어려운 까닭 가운데 하나는 경쟁적 교육과 상품광고라고 할 수 있습니다. 경쟁을 부추기는 허구적 서열이 은연중에 존재의 서열을 뜻하게 됐고, 광고된 상품 등을 갖게 되는 것이 허구적 자아를 충족시키는 일이 되는 것과 같은 내부화된 인지통로를 만들어 왔기 때문입니다. 그 결과 누구라도 자신의 모습 그대로를 받아들이기 어렵게 됐고, 그러다 보니 타인을 있는 그대로 공감하기도 어렵게 됐다고 하겠습니다.

에리히 프롬(Erich Fromm)은 이와 같은 삶을 존재로서의 삶이 아니고 소유로서의 삶이라고 했으며, 소유가 삶의 목적이 되는 삶은 자기로부터 소외된 삶이기에 필연적으로 우상(갖가지 신)을 만들어 숭배하게 된다고 했습니다. 자신이 자신의 삶에서 멀어진 만큼 우상으로 그곳을 채우면서 허구의 자기를 산다는 것이지요. 자기 자신으로 돌아가는 운동인 마음챙김을 해야 '되어 가는 존재'로서의 삶을 살 수 있고, 자신의 모습 그대로를 온전히 껴안을 수 있어야 발명된 허구의 자아에 현혹되는 소외가 일어나지 않는다는 것입니다.

내부적 사건을 의식한다는 것은 만들어진 내부이미지를 통해서 생각하고 말하고 행동하기가 뒤따른다는 것인데, 사람은 진화과정에서 생각을 생각할 수 있는 공능이 생겨 생각과 말과 행동을 지켜볼 수 있게 됐으므로, 말과 행동으로 이어지기 전에 생각을 지켜볼 수 있고 생각을 지켜보다 보면 생각의 흐름까지도 조율할 수 있게 됐으므로, 자기소외를 극복할 수 있다는 것입니다.

그냥 좋아하기

이를 "그냥 좋아하기" 운동이라고 할 수 있습니다. 일어나고 사라지는 생각 가운데 마음에 드는 생각만을 좋아하는 것이 아니라 일어난 대로의 생각을 흐뭇하게 지켜보는 마음 근육을 만들어 가는 운동입니다.

일어난 내부영상을 따라 곧바로 생각과 말과 행동을 이어 가는 것이 아니라 일단 지켜보면서 아픈 마음이 올라오면 그 마음을 껴안고자 하는 마음으로, 기쁜 마음이 돌아오면 그 마음을 칭찬하는 마음으로 방향을 새롭게 설정하는 운동입니다. 이와 같은 운동이 강화되어 그에 상응하는 마음 근육이 생기면 어렵지 않게 그 일을 할 수 있게 될 것입니다.

다음으로 이와 같은 마음운동을 가족간에도 실천하는 것이 중요합니다. 상대가 바라는 대로 하기에 기뻐하는 것이 아니라 그냥 좋아하는 연습을 하는 것입니다. 함께 살다 보면 마음에 들지 않는 일만 쌓여 가는 것 같기에, '너한테는 아무런 바람이 없어'라는 냉소적인 관계가 되기 쉽지만, 그럴수록 그냥 좋아하는 운동이 필요합니다. 부모가 자녀에게 유전자를 물려줄 때, "너는 나처럼 살 수 없으니, 그렇게 살려고 해서는 안 돼, 알았어?"라는 명령어도 물려주는 것과 같기 때문입니다. 부부간에는 더하겠지요. 각자의 생각지도 속에는 환경이 만들어 준 것과 같은 부분이 3분의 1이나 되기 때문입니다.

유전정보와 기억정보의 발현 양상을 보면 '나도 나의 마음에 들지 않는데(학습과 환경 등에 의해서 스스로를 보는 눈을 잘못 설정한 탓이 큽니다), 가족이라고 내 마음에 들겠어'라는 자조 섞인 푸념만큼 자신의 삶도 그렇게 보인다는 것입니다. 그렇기 때문에 그냥 좋아하는 연습이 더더욱 필요합니다. 한번 만들어진 생각의 지도가 쉽게 변하지는 않지만, '그냥 좋아해'라는 생각을 자주 하게 되면 그에 상응하는 마음 근육이 생기면서 생각의 지도가 바뀔 수 있는 유연성이 있기 때문입니다.

생각의 지도가 바뀌어 공감의 영역이 확장되면 불만족도 줄어들게 됩니다. 이와 같은 마음운동을 불교에서는 수행이라고 했습니다. 행(行), 곧 생각과 말과 행동을 닦아 만족한 눈으로 자신과 가족과 이웃을 볼 수 있게 하는 운동입니다. 부모님들께서 자식에게 바라는 바는 말할 필요조차 없이 자식들의 행복일 것입니다. 그렇지만 '저렇게 해서는 행복해질 수 없어'라는 판단을 전제로 보다 보면 매일매일 불안을 야기시키는 자식만을 보게 되면서, 자신의 부모님께서 바랐던 자신의 행복도 새는 물처럼 다 빠져나가고 맙니다. 그와 반대로 부모님의 마음에 꼭 드는 삶을 사는 자식들이 자신의 삶을 행복하게 여길까도 의문입니다.

그렇기에 가족구성원들 간의 관계를 '자주 만나는 타인' 정도로 하는 것이 어떨까 싶습니다. 처음부터 바라는 바가 적은 타인이기에 자신의 기대를 저버릴 일도 적게 일어날 것이므로 자주 만나지만 불만족한 심리적 사건이 덜 일어날 것이기 때문입니다. 가장 오랫동안 인생길(道)을 함께 걸어가야 하는 사이

일수록 바람 없이 손 잡는 연습을 하는 것이 수행이라는 것입니다.

자녀들이 성장해서 경제적으로 독립할 때까지 집착도 없고 바람도 없이 주기만 하는 것도 수행이라는 것이지요(급한 경우를 제외하고는 자신의 등이 휘어져서도 안 됩니다. 아울러 자립을 상호존중하는 의존관계를 넓히는 것이라는 주장도 새겨들어야 하겠습니다). 이와 같은 베풂을 불교에서는 무주상보시(無住相布施)라고 합니다. 깨달은 분들이 하는 일입니다. 이 일을 확장하는 것이 공감능력을 확장하는 것이며, 생명활동 하나하나가 생명공동체의 생명연대에서 일어나고 있다는 것을 알게 된 지혜와 부합하는 일이 됩니다.

자신의 생각을 되돌아볼 수 있는 능력이 생긴 인간의 지성활동에 의해서 생명계가 하나 된 생명공동체라는 것을 깨닫게 됐고, 깨달은 내용을 학습하고, 학습된 내용을 생각과 말과 행동을 통해 돈독히 해가는 것이 수행이기 때문입니다.

팔정도 수행

불교가 제시하고 있는 수행 방법 가운데 하나인 팔정도(八正道)를 가지고 이야기해 보겠습니다. 팔정도 수행을 하기 위해서는 먼저 답습된 지식활동을 반조해 볼 수 있는 학습을 하고, 학습된 내용을 비판적으로 살펴본 후 생명활동의 실상이 무엇인지를 알아야 합니다. 자신과 세상을 보는 견해를 바르게 정립하는 것이 무엇보다 중요하다는 것입니다. 정립된 지식을 기반으로 생각을 하기 때문이며, 생각의 흐름에서 보면 논리적으로 정합성을 갖고 있다고 해도 전제가 바르지 못하면 생각의 결과도 바를 수 없기 때문입니다.

답습된 지식이라고 하더라도 그 지식이 성립된 배경에는 나름대로의 이유가 있었겠지만, 그 내용이 분명하게 밝혀진 사실과 부합하지 않을 때는 내려놓아야 한다는 것입니다. 그렇지만 그 또한 생각의 배경이 되고 있었기에 비우기가 쉽지 않습니다. 그러므로 분명하게 밝혀진 사실을 토대로 생각하는 연습을 해야 할 것입니다.

이와 같은 연습을 사유수행(思惟修)이라고 합니다. 생각의 토대를 바르게 정립하고(正見), 그 내용을 생각 생각으로 이어가는 것입니다(正思惟). 살다 보면 잘못된 생각의 토대 위에 발생한 심리적 사건들도, 자신의 생각이 존중받는 것과 같아 상을 받는 느낌(행복감)이 발생하기 때문에 쉽게 버리기가 어렵겠지만, 실상과 어긋난 사유는 결과적으로 번뇌의 씨앗을 심는 것과 같으므로 생명흐름의 실상과 계합된 생각을 익혀 가야 한다는 것입니다. 그러기 위해서는 생각의 흐름을 잘 살펴(마음챙김) 바른 말(正語)을 하는 연습이 중요합니다.

예를 들어 앞서 말씀드린 대로 '가족'은 그냥 좋아하는 관계, 곧 바람 없이 서로 베풀기만 하는 관계(적당한 잔소리는 보호받고 있다는 느낌을 주므로 필요하다는 연구결과도 있습니다)라는 것을 전제로 "좋아해"라는 말을 자주 하는 것도 가족간에 불만족을 만들지 않는 좋은 수행이 된다는 것입니다. 바른 인식의 토대 위에 서로의 자존감을 높여 주는 수행입니다. 내부이미지가 형성되어야 생각과 말과 행동을 할 수 있지만, 생각과 말과 행동이 생각의 토대인 기억정보가 작용하는 인지의 배선망에도 영향을 주므로 바른 말은 바른 생각의 토대를 튼튼하게 한다는 것이지요.

가족간에 "좋아해"라는 말을 자주 한다는 것은 불만족이라는 번뇌의 이미지를 만드는 기억정보의 힘을 줄이면서 만족감을 만드는 기억정보의 패턴망을 강화해 가는 수행이 된다는 것입니다. 바른 수행은 기억정보의 활동 패턴을 바꾸거나 새롭게 만들어 번뇌를 만들지 않는 생각과 말과 행동을 할 수 있는 인지 패턴을 강화하는 것과 같다는 것이지요.

바른 생각과 바른 말을 하는 것이 자신의 업(직업의 업과 같음)이 되도록 한다는 것(正業)은 바른 생각 등이 '체화되어 가는 것'(業化)을 뜻합니다. 그러다가 일정 정도의 임계점을 넘게 되면 그 업이 숙명처럼 자리 잡게 됩니다(正命). 수만 번의 연습으로 생각되기 이전부터, 곧 무의식층에서 내부이미지를 만들 때부터 바른 생각 등을 할 수 있는 마음의 근육이 만들어졌다는 것입니다.

이와 같은 마음의 근육이 만들어지고 나서는 바르게 업화(業化)된 생각길을 부지런히 걷기만 하면 됩니다(正精道). 정밀하게 정신작용을 조율하면서 무의식층의 인식토대까지를 전환시켜 가는 운동입니다. 의식되는 마음의 근육뿐만 아니라 무의식층에서 작용하고 있는 미세한 근육까지를 조율하여 바른 인식의 토대를 굳건히 하는 마음운동이 수행이라는 것입니다.

미세한 마음의 근육까지를 조율할 수 있게 되면 일어나고 사라지는 마음현상을 있는 그대로 지켜볼 뿐 아니라 고요히 지켜보는 마음이 순간적으로 내부이미지를 조율할 수 있는 공능까지를 갖추게 됩니다. 마치 자각몽을 꾸며서 꿈의 내용을 그 자리에서 바꿀 수 있는 것과 같습니다. 이와 같은 마음작용을 정념(正念)이라고 합니다.

이상의 일곱 가지 수행이 임계점을 넘어 온전히 익어지게 되면 인식의 토대가 전환됩니다. 의식, 무의식 할 것 없이 바른 인식이 일어날 수 있는 인지시스템이 만들어지게 된 것입니다.

미세영역인 무의식의 활동 양상이나 거친 영역인 의식의 활동이나 이미지에 현혹되지 않을 수 있는 생각길이 완성된 것입니다. 이를 정정(正定)이라고 합니다.

생각을 반조하게 된 인류

팔정도 수행을 성취했다는 것은 기억정보를 토대로 한 지성활동이 불성작용을 할 수 있게 됐다는 것을 뜻합니다. 무의식적으로 일어나고 있는 분자의 지성활동이 깨달음을 실현하는 지혜의 패턴망을 완성하게 되면서 지성작용이 불성작용으로 전환된 것과 같다고 하겠습니다.

생각을 반조하게 된 인류는 마음챙김수행과 과학적 발견으로 인지시스템을 이해했을 뿐만 아니라 선정과 지혜수행을 통해 인식의 토대까지를 전환할 수 있게 됐다는 것입니다. 이것이 뜻하는 것은 의식내용 하나하나가 기억정보층인 인식의 토대와 정보를 주고받으면서 지성작용을 하고 있다는 것을 알았다는 것이며, 생물의 지성작용이 언어이미지와 같은 차이값을 만들어 인식의 토대를 구축했고, 구축된 정보를 토대로 이해된 사건의 실상이 실제로는 해석된 이미지라는 것을 알게 됐다는 것입니다.

이와 같은 인지시스템은 그 나름대로 사건·사물을 알아차리는 데는 효과적이지만(그렇기에 진화의 과정에서 살아남을 수 있었겠지요), 이미지에 포함되지 않은 다른 조건을 알아차리지 못하게 됐다고도 하겠습니다. 불교에서는 이와 같은 인지상태를 근본무지라고 합니다(無明). 사건의 실상을 분명하게 알지 못하게 하는 토대도 되기 때문입니다.

그렇기에 인식의 토대를 전환하기 위해서는 있는 그대로의 마음작용을 살피는 공능, 곧 생각을 반조하는 공능을 강화하는 수행을 해야 합니다. 진화의 과정에서 인류에게 무지를 반조할 수 있는 공능이 생겨났다는 것은 무지의 작용을 지혜의 작용으로 전환할 수 있는 기반이 형성된 것과 같기 때문이며, 이 공능을 강화하게 되면 인식의 토대까지를 근본적으로 바꿀 수 있기 때문입니다. (생명체를 이루는 분자들의 지성활동이 있었기에 생명활동을 할 수 있게 됐으나, 분자들의 지성은 지성활동 그 자체에 대해서는 알아차리지 못했다는 것입니다. 생각을 반조할 수 있게 돼서야 지성의 작용이 조금씩 밝혀졌고, 지금은 실험을 통해 지성작용을 증명할 수 있는 영역도 많아졌기 때문에 생존과 인지에 대한 근본무지가 조금씩 걷혀지고 있다고 하겠습니다.)

그렇기는 해도 이와 같은 이해의 역사가 길지 않으므로, 곧 이전에 만들어진 기억정보와 생각길을 통한 인지의 배선망이 여전히 분주하게 작용하고 있으므로, 학습과 마음챙김이 깊이 이어지지 않는다면 근본무지로부터 온전히 벗어나기가 쉽지 않습니다. 근본무지로부터 벗어나는 수행이 앞서 말씀드린 팔정도 수행이기에, 부처님께서도 팔정도 수행이 있어야 불교라고 말씀하셨겠지요. 팔정도를 체화하는 것이 수행이라는 것이며, 수행의 결과를 증명하는 것은 인식의 토대가 전환되어 힘쓰지 않아도 팔정도와 상응하는 생각과 말과 행동이 저절로 일어나는 신체가 될 때라고 하겠습니다.

삶 그 자체를 존중하기

그러므로 가족간에 가장 필요한 일 가운데 하나가 수행이라고 할 수 있습니다. 가족구성원들끼리 그냥 좋아하고 사랑하는 신체가 만들어져야 근본부터 자존감 있는 삶을 살 수 있기 때문입니다. 가족구성원들의 삶을 그 자체로 존중하는 수행이 다른 무엇보다 중요하다는 것입니다. 다른 사람에게서 받는 영향을 무시할 수는 없지만 그런 경우는 이익과 손해 등 소유의 양상에 얽혀 있는 경우가 많으므로, 삶 그 자체로서 존중받기가 쉽지 않기 때문이며, 소유로서 자존감을 높이려는 것에는 한계가 있을 수밖에 없기 때문입니다. 오직 스스로를 지켜보는 그 마음에 '그냥 좋아하고 사랑하는 색채를 입히는 연습'만이 되어 가는 존재로서의 자기와 이웃을 자존감으로 가득 채우는 것과 같아 한계를 갖지 않는다는 것입니다.

특히 지각의 통로와 생각길이 만들어지는 결정적 시기를 지나고 있는 어린이의 경우는 외부로부터 지대한 영향을 받고 있는 시기라고 할 수 있으므로, 어린이를 그냥 좋아하고 사랑하는 말과 행동은 다음 세대를 '함께 사는 아름다운 세상'으로 인도하는 것과 같습니다.

그냥 좋아하고 사랑하는 말과 행동을 하는 수행은 자신의 삶을 빛나게 할 뿐 아니라 함께 사는 아름다운 삶을 만들어 가는 지름길이 된다는 것입니다. 필요한 사람이 되는 것이 먼저가 아니라 자신의 삶 그 자체를 좋아하고 사랑하는 일을 하는 것이 먼저라는 것입니다. 필요한 일의 순서가 바뀌면 필요한 사람이 된 것 같지만 불필요한 존재감, 곧 자존감 없는 존재로서의 자기와 매일 매시간 만나는 것과 같아 결코 바람직한 삶을 산다고 할 수 없게 될 것입니다. 그래서 어떤 교육학자는 어린이에게 "아이고! 착해!"라는 말도 하지 말라고 했겠지요. 이 말이 뜻하는 것은 착하다는 말이 상이 되어 착하다는 말을 듣는 사람이 되기를 원하면서 자신의 삶을 있는 그대로 좋아하고 사랑할 수 있는 범주가 줄어들게 된다는 것입니다.

에리히 프롬의 말처럼 외부의 시선(이 시선조차 만들어진 허구일 확률이 높습니다)에 맞는 자기를 만들어 가려는 것은 스스로 자기의 삶에서 자기를 소외시키는 것과 같으며, 소외된 자리를 만들어진 이미지로 채우려는 것은 우상숭배를 체화해 가는 연습을 하는 것과 같다고 하겠습니다. 우상숭배를 하지 않기 위해서는 있는 그대로의 자신을 좋아하는 연습을 해야 합니다. 바람 없이 그냥 좋아하고 사랑하는 연습량만큼 자신과 가족구성원을 좋아하고 사랑하는 폭이 된다는 것이지요(특별한 이미지를 바라는 것이 우상 숭배와 같다는 것입니다).

되어 가는 사건들은 예기치 않은 우연이 필연처럼 개입되기에(이 우연을 잘못 해석하면 신의 섭리처럼 읽어 내기 쉽습니다) 자신이 생각한 대로의 미래가 다가오기를 바라는 것은 부질없는 일이 되기 쉽다는 것입니다. 그러므로 우상숭배 없이 되어 가는 사건들과 평안하게 접속할 수 있는 유연성을 기르는 것이 중요합니다.

서로에게 도반이 되는 삶

신체와 생각의 변화는 진화가 선택한 유연성에 기초한다고 할 수 있으며, 이와 같은 유연성이 있기에 예기치 않은 사건을 대할 때도 불안해하지 않고 좋아할 수도 있고 사랑할 수도 있기 때문입니다. 하여 도반이 되어 함께 삶의 길을 걸어간다는 것은 자신이 만든 필연과 같은 이유를 유연하게 조율할 수 있는 조건을 갖추어, 곧 외부와 만나는 자신의 접속코드를 넓고 다양하게 만들어, 좋아하고 사랑할 수 있는 사건들의 폭을 넓히는 것과 같습니다. 접속코드가 넓고 다양해졌다는 것은 자신 스스로를 좋아하고 사랑할 수 있는 조건도 넓고 다양해졌다는 것을 뜻한다는 것이지요. 인연 따라 수평적 의존관계를 넓히는 것이 자신의 삶을 만족스럽게 만드는 기반이 된다는 것입니다.

삶의 기반 자체가 서로 의존하지 않고서는 살 수 없는데도 불구하고 접속 자체를 없애면 잘 살 수 있는 것처럼 작동하고 있는 사회 양상 가운데 하나가 잘못 설정된 갑을관계라고 하겠습니다. 갖고 있는 권력을 마음대로 휘두르는 것으로 자존감을 담보한다고 여기는, 곧 함께 살아가야만 하는 생명원리와 반대되는 인지구조를 만들어 놓고 그것이 정답인 양 여기는 사회적인 관계가 필연적으로 분노사회를 만들고 있다는 것입니다. 어찌 보면 1 대 9인 권력구조가 공고해진 만큼 분노의 기운은 아홉 배 이상 커졌다고 하겠습니다. 조그마한 불똥에도 터질 수밖에 없는 구조가 만들어지고 있다는 것이지요.

처음에는 을들끼리 그들의 분노를 발산하게 하여 권력자

들에게까지 옮겨 붙지 못하게 하겠지만, 그렇게 해소할 수 있는 분노의 양은 전체적인 분노의 양에 비해 미미할 뿐입니다. 지구온난화를 막기 위해 한 나라가 감당할 수 있는 역량이 크지 않은 것처럼(모든 나라가 합심해서 온난화를 막기로 결심했다고 하더라도 온난화를 막을 수 있는 시간이 그렇게 많지 않다고 합니다) 사회적 분노의 총량을 줄이는 일을 가열차게 하지 않는다고 하면 9에 해당되는 사람들에게만 그 피해가 갈 것도 아니며, 1에 해당되는 사람들에게만 유용한 생존 조건을 극대화한다고 해서 진실로 그 사람들의 생존에만 유용한 일도 일어나지 않을 것입니다.

문화시대에 접어들고부터 전승된 인류의 지식정보는 생명연대만이 인류가 살아갈 수 있는 유일한 길이라고 이야기하고 있는 것 같습니다. 연대하는 생명활동, 곧 서로가 서로에게 도반이 되는 삶을 사는 것이 생명흐름의 실상과 계합하는 삶이 된다는 것입니다. 크게 보면 연대된 삶이야말로 생명계를 이루는 양자물질의 특성인 비결정성과 관계성이 현상한 것과 같다고 하겠습니다. 생명의 그물망은 관계와 과정만의 춤이라는 것입니다. 그렇기에 뇌과학자들은 의식도 실체가 아니며 과정이라고 이야기하고 있겠지요. 몸의 생리적 반응이 의식으로 드러나고 드러난 의식이 몸의 생리적 반응에 영향을 주면서 뇌와 몸이 의사소통을 하듯, 우리 몸은 다른 생명체뿐만 아니라 환경과도 의사소통을 하면서 생명의 흐름을 연출하고 있다는 것입니다.

우리는
어떻게
일하게
될까?

산업의 급격한 변화

제가 어렸을 때만 해도 '무슨 일을 하세요?'라는 물음이 필요 없을 정도로, 우리나라 인구의 80% 정도가 농업에 종사하고 계셨습니다. 이때 들었던 말 가운데 '쌀이 오줌을 쌌다'라든가, 쌀을 팔러 가면서 '돈을 사러 간다'라는 말이 있었습니다. 어찌 보면 호랑이 담배 피던 시절의 이야기 같지만 그리 오래된 이야기도 아닙니다. 돌이켜보면 '세월 참 많이 변했네'라는 말로도 표현할 수 없을 만큼 다른 시대가 됐다고 하겠습니다.

'쌀이 오줌 쌌다'라는 말은 꽁보리밥에 쌀 한두 줌이 들어 있는 경우에는 밥맛이 생각보다 훨씬 부드럽게 되는 것을 뜻하며, '돈을 사러 간다'는 것은 그 당시 시골에서는 돈의 역할을 하는 것이 쌀이었다는 것입니다. 쌀이 돈이었기에 쌀 농사를 짓는다고 해서 쌀밥을 마음대로 먹을 수 있는 상황도 아니었습니다.

현재는 농업에 종사하는 분이 우리나라 인구의 4.5% 정도라고 합니다. 전체적인 식량자급률을 보면 얼마 되지 않지만(약 20%) 쌀만 놓고 보면 농업기술의 발전으로 남아돌 정도가 됐으니(식생활의 변화도 있지만), 상전벽해라는 말이 실감난다고 하겠습니다.

그 과정에서 많은 노동자들을 고용했던 제조업이 우리나라 산업의 중심축이 된 시대도 있었으나, 지금은 노동자의 25% 정도만 제조업에 종사하고 있다고 합니다. 더구나 공장 자동화율이 세계최고라고 할 정도로(공장에 로봇을 도입한 비율도 세계 최고라고 함) 노동자에서 기계로 대체되어 가는 속도가 빠르며, 인공지능을 탑재한 기계가 널리 사용되기 시작한다면 사람들의 일자리가 더욱 빠르게 없어지게 될 것 같습니다.

산업현장의 급격한 변화(이 또한 우리나라가 세계에서 첫째인 듯합니다)에 따라 부득이하게 자영업이 증가하게 된 것은, 노동자를 직접고용하지 않고도 이익을 낼 수 있는 산업구조가 정착되어 간다는 것과 같기 때문입니다. 우리나라 수백 개의 대기업에서 (2017년 기준으로) 이익이 50% 넘게 증가했는데도 불구하고, 이 기간 동안 직접 고용한 노동자의 수는 1% 남짓 증가하는 데 그친 것이 고용 형태의 변화를 극적으로 보여 준다고 하겠습니다.

또한 '알파고'로 상징되는 인공지능은 사람만의 고유능력이라고 여겼던 생각과 생각을 반조하는 기능까지를 넘보고 있습니다. 바둑의 경우에는 누구도 AI 바둑기사를 이길 수 없을 정도가 됐는데, 알파고와 같은 인공지능의 활동 영역이 계속 확장될 것이 분명합니다. 이 말은 산업시대가 되면서 여러 가지 산업기술을 이용했듯이 인공지능시대에는 필연적으로 인공지능 기술을 이용해, 곧 뇌와 인공지능과의 상호작용을 통해 생각의 영역이 확장될 수밖에 없는 시대가 될 것이 분명하다는 것입니다.

어떤 학자가 주장한 "생각하는 능력이 도구를 사용하게 한 것보다는, 도구를 사용하게 되면서 생각의 확장이 이루어지게 되어 뇌의 변화가 촉진되기에 이르게 됐다"는 말처럼, AI라는 도구는 뇌의 확장이라는 진화적 사건을 경유하지 않고서도 생각의 확장을 도모할 수 있게 할 것이며, 이를 통해 세계 이해도 달라지게 될 것 같다는 것입니다(뇌 신경세포와 인공지능의 실제적인 협업체계가 이루어지면 새로운 뇌가 생겨나는 것과 같다는 것입니다).

이는 디지털 기술이 심화되면서 사람과 사물, 사물과 사물 사이에서 정보교환이 어렵지 않게 이루어지게 된 새로운 산업혁명이 도래했기에 가능하게 된 사건일 것입니다. 더 나아가 생명공학과 뇌과학의 발전은 지금까지 읽지 못했던 무의식층의 이야기까지 읽을 수 있게 될 것이며, 유전자를 편집하는 기술 발전은 인류의 생명활동과 생각의 지도를 혁신적으로 바꾸게 될지도 모릅니다.

그때가 되면 지금의 고민이 더 이상 고민거리가 되지 않을 지도 모르겠습니다. 지금 일어나고 있는 일만 보더라도 그렇습니다. 몇 십 년 전이라면 당시의 슈퍼컴퓨터라도 처리하기 어려운 일을 별 어려움 없이 처리할 수 있는 슈퍼울트라컴퓨터와 그에 버금가는 핸드폰을 사용하게 되면서, 빅데이터 중심의 플랫폼산업으로 산업의 이동이 일어났으며, 그에 따라 뇌의 생각지도가 변하게 된 것과 같은 밀레니얼세대와 Z세대라는 새로운 세대가 등장하게 되면서 고민의 색깔도 달라지게 됐다는 것입니다.

미래를 불안해하지 않기

현재의 인류는 진화적 변화를 통해서 초인이 되는 것이 아니라 초인만이 할 수 있는 기능을 탑재한 도구가 발명되면서 초인이 되어 가는 것과 같다는 것입니다. 그 결과 누구라도 초인이 된 것과 같기에 개인 간의 차이가 없어질 것 같지만, 실제로는 초연결이 가능한 도구를 이용해 집단의 생각길을 만들면서 함께 초인의 역할을 한다고 할 수 있으며, 개인마다 사물 등과의 정보교류를 통해 고유한 색깔을 드러내면서도 확장된 삶을 살 수 있게 된다는 것입니다.

우리의 뇌를 보면 계산하는 능력과 생각을 반조하게 된 기능을 가진 영역이 늦게 생겨났기에 먼저 생긴 생존의 기술에 비해 즉각적인 반응 속도가 낮았지만(그래서 이 기능이 놀라운 정도로 확장된 사람을 상상하면서, 그를 초인이라고 불렀겠지요), 지금은 계산하는 자라는 뜻을 가진 컴퓨터, 그것도 기능이 슈퍼울트라급에 해당되는 컴퓨터를 손안에 장착했을 뿐만 아니라 뇌와의 상호작용이 커질 것이 분명하므로, 생각과 말과 행동 양상도 급변하게 될 수밖에 없다고 하겠습니다.

가장 중요한 것은 생각의 토대가 바뀌는 것입니다. 접속하는 양상에 따라 생각의 통로를 조율하는 일이 어려운 일이 아닐 수 있게 된다는 것입니다. AI와 융합된 뇌는 일어나는 사건들과 접속하는 속도와 다양한 해석능력에 의해서 미래의 불안 등을 현재화시키지 않을 수 있는 인식의 토대를 만들어 가는 것과 같기 때문입니다.

이것이 뜻하는 것은 여러 방면에서 삶의 만족도도 높아지게 될 것이라는 뜻입니다. 예를 들어 인공지능 의사라고 할 수 있는 '왓슨'과 인간 의사의 협업을 통해 환자를 진료할 경우 환자의 만족도가 대체로 높다는 것이 이를 증거한다고 하겠습니다. 아픔을 바라보는 심리태도가 바뀌어 가는 속도도 왓슨의 기능에 따라 달라질 수 있다는 것입니다. 도구가 주는 만족도는 결국 인간의 인식내용에 만족도를 높이는 토대를 확장하게 되어, 전체적으로 불만족이 줄어들 수 있다는 것이지요.

만족감은 미래를 불안해하면서 현재의 자신을 괴롭히는 일의 빈도수가 줄어들게 되는 생각의 통로를 넓고 길게 만드는 것과 같으므로, 일이 적어지는 사회라고 해서 불안이 증대되는 사회가 아니라 자신의 삶을 만족스럽게 보는 마음 근육도 강화되는 사회가 될 것이라는 뜻입니다.

지금은 일을 하고 그 대가를 받는 것으로 자신의 안정을 담보하는 사회라고 할 수 있지만, 앞으로의 사회는 변한 생각의 지도와 상응하는 새로운 일들이 생겨날 뿐만 아니라 삶 그 자체가 존중받는 사회로 진입하게 될 수밖에 없다는 것입니다. 명함에 적힌 직업 등에 의한 자존심이 아니라 명상 등에 의해 삶 그 자체에 대한 자존감을 자각하게 될 것이기 때문입니다. 아직까지는 위로 수준에 머무는 것 같고, 정신승리법에 지나지 않는 것 같은 이야기들이 노동의 이야기를 대체하게 된다는 것이며, 대체된 이야기의 내용을 체화해 가는 속도도 빨라진다는 것입니다.

정치적으로도 일자리를 많이 만들려는 노력보다(절대적인 일자리가 줄어들고 있는 시대입니다) 다른 형태로 공동체를 운용하는 일에 힘을 쓸 수밖에 없을 것입니다(기본소득에 대한 논의도 그 가운데 하나라고 하겠습니다). 기존과 다른 방식으로 공동체를 운영하면서도 의식주에 대한 불안을 최소화하는 정책을 만들어야 한다는 것입니다. 지금 단계에서는 과도한 노동시간(한국의 노동시간은 OECD 가입국 가운데서도 두번째로 많다고 합니다)을 줄이는 것부터 시작하겠지만, 동시에 노동 이외의 시간을 노동을 준비하는 시간으로 허비하지 않고, 삶의 가치를 다른 식으로 보는 안목을 기르는 사회운동이 작은 공동체를 중심으로 이루어질 수 있도록 돕는 역할이 중요한 정책이 될 수 밖에 없다는 것입니다. 생명연대의 실상을 이해하는 문화운동과 수행이야말로 변해 가는 생각의 지도와 상응하면서 삶의 만족도를 높이는 일이 될 것이기 때문입니다.

과도한 노동으로부터 해방되는 사회의 도래

배움과 기억을 토대로 한 지식 기반 사회에서 지식과 정보를 공유하면서(매일매일 업그레이드되는 왓슨보다 더 많은 정보를 갖고 있는 인간 의사가 있을 수 없다는 것이 이를 상징적으로 보여 준다고 하겠습니다) 집단지성으로서의 생명연대를 실현하는 사회가 될 수밖에 없다는 것입니다. 지식과 자본의 축적을 통해서 부와 권력의 불평등이 최고조에 이른 사회이지만, 동시에 노동으로부터의 해방에 가까운 사회가 됐기에, 부와 권력에 예속되지 않아도 되는 사회, 곧 자신의 이야기를 당당하게 할 수 있는 사회가 도래하고 있다는 것이지요.

밀레니얼세대는 입사 3년 내에 3분의 1 이상이 회사를 그만둔다고 하는데, 그 이유 중 가장 큰 것은 아마 '생각 없이 일하세요'라는 직장 문화가 아닐까 합니다. 시대는 이미 자신의 생각을 존중하는 것이 자신의 존재가치를 증명하는 일이 됐는데도 불구하고, 아직도 '예스맨'을 부하직원으로 선호하는 상사가 있다고 하면 그 회사는 미래를 장담하기 어려운 회사임이 분명할 것이므로, 어떤 의미에선 퇴사하는 것이 정답일 수도 있다고 하겠습니다.

예를 들어 '왓슨'보다 기능면에서 훨씬 뒤떨어진 인간 의사가 갑질까지 한다고 하면(아직까지는 이런 의사도 그런대로 대우를 받고 있지만) 도태될 날이 멀지 않다는 것입니다. 직업이 있든 없든 생명공동체를 실현하는 삶의 태도가 어느 때보다 더 필요한 사회가 된다는 것이지요. 소극적으로는 불만족을 줄이는 일을 우선시하는 시대가 된다고 할 수도 있고, 적극적으로는 자신의 삶을 만족할 수 있는 능력이 다른 능력보다 우선시되는 시대가 된다고 할 수도 있다는 것입니다. 부와 권력이 갖고 있는 힘이 인성과 문화적 소양으로 대체되는 속도가 빠르게 진행되고 있다는 것이지요.

그렇다 보니, 지능형 로봇을 반려자로 삼는 경우도 많아진 것 같습니다. 아직까지는 혼자 있게 된 경우가 대부분이겠지만 시대가 지나면 공감하지 못할 사람과 같이 있기보다는 공감하는 로봇과 함께 있는 것이 대세가 될지도 모르겠습니다. 불필요한 감정노동을 할 필요가 없는 로봇과 함께 있는 것이 자존감을 높이는 삶이 될 수도 있다는 것이지요.

시대의 요구 – 공감

누군가가 지금 시대는 공감의 시대라고 말했듯이 시대의 요구가 공감이기도 하지만, 사람의 경우 진화상 생각을 반조하는 능력을 갖추게 되면서 다른 생물체와 상대해서 공감의 역할이 사람으로서의 생활과 인지공동체를 형성하는 데 중요한 역할을 했다고 할 수 있는데, 21세기에는 이 능력이 다른 능력보다 훨씬 중요하게 됐다는 것입니다.

그렇기는 해도 이 능력이 제대로 활용될 수 있는 인지의 기반도 약해져 왔기에(도시 기반 사회가 급속도로 이루어지면서 동네 중심의 이웃이 사라진 만큼 차별도 커졌으며, 교통과 통신의 속도만큼 세계도 좁아지면서 인종, 종교 등의 차별도 심해졌으며, 부와 권력의 불평등은 더욱 심해졌다는 것입니다) 공감능력이 시대의 화두로 대두하게 되었다고 할 수도 있겠지요.

다른 한편으로 노동집약적인 산업사회가 되면서 일의 효율을 위해 교육을 해야 할 필요도 있었고, 노동력을 제공하고 받은 돈으로 자녀들을 교육시키게 되면서, '왕후장상의 씨가 따로 없다'는 중국의 속담처럼, 왕이 되면서 왕이 된 것이지 타고나면서부터 누군가가 왕으로 정해진 것이 아니라는 것을 알게 된 것도 중요한 요소 가운데 하나라고 하겠습니다. 이전 시대가 제공했던 사람들 간의 본질적인 차이(주로 혈통을 통해 전해진다고 교육된 사건)가 만들어진 허구라는 것을 알았다는 것입니다. 어찌 보면 '진정한 개인'이 탄생하게 됐다고도 할 수 있겠지요.

그럼에도 불구하고 혈통의 자리를 자본이 차지하면서 자본가와 노동자 간에 이루어진 관계는 왕과 관료 그리고 민초 사이의 관계와 크게 다르지 않게 된 것 같으나, 노동자의 인식 속에 '왕후장상의 씨가 따로 없다'는 생각, 곧 개인의 존엄성에 대한 생각이 굳건히 자리 잡혀 가면서 노동조합 등을 통해 인간의 자존감을 키울 수 있었다고 하겠습니다.

자존감을 키운다는 것은 새롭게 탄생된 것과 같은 '개인의 정체성'을 동일한 이미지로 한계 짓지 않고, 개인 차를 온전히 공감하고 존중하는 것입니다. 지금에 이르러서는 개인마다 개인이면서도 공통조상의 후손이며, 차이를 만들면서 공통조상의 생명정보를 상속하고 있다는 것을 알았으므로, 차이를 온전히 공감하고 존중해야 한다는 인지의 기반이 갖춰졌기 때문이라고 하겠습니다. 차이와 차별을 극복해 갈 수 있는 힘도 공감능력에 기인한다는 것이지요. 시대가 요구하는 인성과 문화적 소양도 시대의 조류를 반조하는 능력에 터를 잡고 발생한다는 것입니다. 현생 인류의 인지시스템은 경험정보를 기억하는 데 그치는 것이 아니라 그 기억이 형성되는 조건을 비춰 볼 수 있고, 이를 토대로 미래를 구상할 수 있기에, 시대에 맞게 인지의 기반을 새롭게 재구성해야 된다는 것입니다.

미래를 위한 기억

이런 뜻에서 기억은 과거의 일이면서 미래의 사건을 규정하는 원인 가운데 하나라고 할 수 있지만, 적극적으로 말하면 기억은 미래를 위해 기억되고 있다고 하겠습니다. 기억을 지우면 새로운 미래가 생겨나지 않게 된다는 뜻입니다. 이야기를 주고받는 것이 개인과 부족과 나라의 연속성을 담보한다는 것이지요. 이 말은 이야기의 내용이 개인의 정체성을 담보한다는 것이며, 더 근원적으로는 유전자의 발현 양상이 개인마다 다를 수밖에 없다는 것과도 맥을 같이 한다는 것입니다.

새로운 이야기를 듣는다는 것은 기존의 이야기를 다른 버전으로 전개할 수 있는 역량을 키우는 것과 같으며, 궁극적으로는 자아의 영역을 확장하는 일과 같다는 것이지요. 이 일은 생존능력이 업그레이드되는 것과 같다고 할 수 있습니다. 일방적으로 듣는 이야기가 더 이상 효율적이지 못한 것도 개인이 갖고 있는 이야기의 용량을 훨씬 뛰어넘는 이야기꾼을 가지고 있기 때문이며(핸드폰, 컴퓨터 등), 일방적인 이야기에는 개인의 주체적 이야기가 개입될 여지가 없기 때문입니다.

이야기를 만드는 사람의 뇌는 얼기설기 만들어진 줄거리에 자신이 갖고 있는 정보를 채워 넣으면서 하나의 이야기를 완성해 가는데, 일방적 이야기는 이와 같은 뇌의 존재방식(자신만의 이야기를 만들어 세계와 접속하는 능력)과 어긋나는 사건에 지나지 않는다는 것입니다. 시대적 요구는 지식정보를 주고받는 자리를 갖는 것보다 서로의 이야기를 공감하는 자리를 갖는 것이 더 중요해졌다는 것이지요(그렇지 않은 시대가 있었을까요?).

공감영역의 확장은 자신의 미래를 다양한 버전으로 준비하는 것과 같습니다. 미래의 버전이 많다는 것은 특정 색깔의 미래를 원하지 않아도 된다는 것이며, 자신의 원을 저버린 미래의 사건도 적다는 것이며, 불만족한 사건과 만날 확률도 줄어든다는 것입니다. 이런 뜻에서 마음비움은 미래의 사건이 불만족스럽게 다가올 여지를 없애는 것과 같습니다. 마음챙김과 마음비움으로 해탈의 삶을 살 수 있는 것도 이 때문입니다.

마음을 비웠다는 것은 원하는 일이 적다는 것으로, 만나는 사건마다를 원하는 일처럼 맞이할 수 있는 폭이 커졌다는 것입니다. 그렇게 되면 필연적으로 자존감을 만끽하는 것과 같기 때문에 자신과 타인을 존중하는 마음수행을 완성한 것과 같습니다. 가장 확실한 미래의 직업을 갖게 되는 것이지요. 그래서 그런지 영국의 어느 대학에서 미래에도 없어지지 않을 확률이 높은 직업군으로 성직자와 심리치료사를 선정했더군요. 이 직업 목록에는 국회의원도 들어 있는데, 그 이유는 역설적으로 국회의원들이 국회가 필요없다는 법을 만들지 않기 때문이라고 합니다.

몸 — 미생물과의 공동체

마음챙김과 마음비움을 수행한다는 것은 뇌를 중심으로 집단지성체의 역할을 하고 있는 우리 몸을 건강하게 하는 일이 되어야 합니다. 그 가운데 하나가 식생활입니다. 우리 몸은 우리 몸의 세포 수보다 열 배나 많은 미생물과의 공동체입니다. 몸 속 미생물은 그냥 기생하는 것만이 아니라 우리의 생각에도 지대한 영향을 미치고 있으므로, 미생물에게도 좋은 식생활을 하는 것이 불만족을 줄이는 일이 된다는 것입니다.

집단지성체의 예로는 꿀벌과 개미의 집단생활을 들 수 있습니다. 꿀벌 한 마리와 개미 한 마리가 마치 인간의 세포 하나와 같은 역할을 하기 때문에 단일 유기체와 같은 전체 집단의 생존도 가능하다는 것입니다. 단일 유기체와 같은 개미나 벌 한 마리의 지성활동으로 보면 자신의 일을 반조해 알아차린다고 할 수는 없지만 생존활동 양상은 무의식적으로 그렇게 하고 있는 것과 같다는 것이지요. 무의식적으로 우리 몸의 세포와 미생물이 주고받는 정보교환 활동도 이와 비슷하다는 것입니다.

마음을 비우고 마음을 편안하게 하기 위해서는 미생물들의 먹이가 되는 셀룰로오스(채소에 많이 들어 있음)를 많이 먹어야 하는 까닭도 여기에 있습니다. 생존기계의 단위 부속품이라고 할 수 있는 단백질도 중요하고, 단백질이 일을 할 수 있게 돕는 에너지(최종적으로는 포도당)와 비축된 에너지원(지방)도 필요하지만, 이들이 마음 편히 일할 수 있는 조건을 만드는 데는 미생물의 기분도 중요하다는 것입니다.

지성작용(실제로는 분자 단위조차 지성활동을 하고 있다고 할 수 있습니다)은 특정한 주체가 있어서 그렇게 하는 것이 아니라 집단이 주고받는 정보네트워크의 활동이기 때문입니다. 우리 몸을 이루고 있는 세포의 지성활동이 원활하게 이루어질 수 있는 조건이 형성되어야 집단지성체의 인지라고 할 수 있는 의식 현상도 일어나고 편안한 생각길도 조성된다는 것입니다.

이런 뜻에서 자코메티(Alberto Giacometti)가 조각해 내고 싶었던 개체만의 고유한 세계(『자코메티의 아틀리에』라는 책에서 자코메티는 사람 형상을 조각할 때 그 사람 속에 들어 있는 다른 역사를 다 걷어 내고 그 사람의 역사만을 드러내 보이려고 했다고 이야기함)를 형상하려 한 것은 본질주의적 사고의 한 예라고 하겠습니다. 한 사람 속에 들어 있는 다른 역사를 들어낼 수 있을지도 의문이지만, 그렇게 융합된 역사가 없었다면 한 사람의 역사도 존립할 수 없기 때문입니다.

생명계 – 집단지성체

어떤 시인은 '한 사람을 키우는 데는 마을 전체가 필요하다'고 이야기했지만, 생명의 역사를 본다면 온 우주의 역사가 참여했다고 이야기할 수밖에 없겠지요. 온갖 인연이 융합되면서 개체로서의 자아가 탄생됨과 동시에 무상한 인연에 따라 다른 자아가 되어 가면서, 생명계의 사건들을 만드는 데도 참여하므로, 생명계는 되어 가는 사건들의 네트워크라고 할 수 있다는 것입니다.

개체를 배제하고는 생명계도 없지만 생명계 전체도 집단 지성체로서 하나라는 것입니다. '나는 누구인가? 나는 무엇인가?'라는 질문이 생각의 주체가 있다는 것을 전제하고 그 주체를 찾는 질문이라고 한다면 실패할 수밖에 없는 까닭도 여기에 있습니다. 생명체마다 생명계 전체의 역사가 스며들면서 그 생명체가 되도록 했기에, 덜어 내는 순간 그 생명체로서의 자아상도 허물어진다는 것입니다.

그렇기에 『금강경』에서는 '나를 보려 하거나 찾으려 한다면 실패하고 만다'고 했으며, '형상으로나 이념으로 부처를 규정하려 하는 순간 삿된 생각길에 접어든다'고 했겠지요. 오직 인연 따라 되어 가는 사건으로 볼 때만 자아와 부처가 보인다는 것입니다. 실상은 자아와 부처를 보는 것이 아니라 보는 행위 자체가 자아와 부처인 줄 안다는 것입니다. 이 말은 변치 않는 상속체로서의 자아가 없다는 것입니다. 여러 가지 이유를 들어 사람을 차별하고 있지만, 차별의 이유 자체가 삿된 망상에 근거하고 있다는 것이지요. 그렇기에 덜어 내야 할 것은 삿된 망상뿐입니다. 알게 모르게 스며든 차별적 근거를 덜어 내는 것이 마음비움이며, 그곳에 집단지성체의 생명활동인 자비심을 담아내는 것이 마음챙김이라는 것입니다.

수행은 삿된 망상을 덜어 내고 그 자리에 자비심을 채우는 것이지만 출발은 있는 그대로의 마음현상을 알아차리는 것, 다시 말해 생각의 흐름을 그냥 지켜보는 것입니다. 특정한 생각이 일어나기를 바라거나 특정한 생각이 일어나지 않기를 바라는 마음 없이(바라는 마음이 앞서면 번뇌를 만드는 공장이 되고 맙니다) 생각의 내용과 감정의 색깔 등을 알아차리기만 하는 것입니다.

특정한 색깔에 주의를 기울이면 그 색깔의 농도를 짙어지게 하는 것과 같지만, 그냥 지켜보다 보면 농도가 옅어지기도 하고 이제까지 경험하지 못했던 새로운 색깔, 곧 새로운 영상과 생각이 드러나기도 합니다. 그때는 기억의 조각을 재구성해 인지를 발생시키는 익숙한 통로가 잠시 쉰 것과 같습니다. 다른 생각길이 열린 것이지요. 이와 같은 경험은 불만족의 터전인 집착을 내려놓을 수 있는 좋은 경험입니다. 마음챙김으로 환상과 같은 내부영상(꿈의 영상보다는 더 일관성이 있음)을 경험하기도 하고, 빈 마음 상태를 경험하게 되면서(뇌과학자의 연구에 따르면 인지의 배선망이 다르게 연결되거나 특정 부위의 지각 스위치가 꺼지면서 생기는 현상이라고 합니다) 인식의 토대가 변환되기 때문입니다.

불안을 삶의 안내자로 삼지 않기

약 6~7만 년 전에 처음으로 내일이라는 시간을 추상하게 되면서 의식적으로 내일을 바라볼 수 있게 됐으나, 다른 한편 내일을 생각하게 되면서 불안감도 증대될 수밖에 없었다고 이야기하는 철학자가 있을 만큼 미래를 생각한다는 것은 불안을 키우는 일도 되었다고 하겠습니다. 오지 않은 미래가 현재를 불안으로 밀어넣고 있다는 것이지요. 미래의 사건을 예측하고 그에 따라 여러 가지 준비를 했으나 예측된 대로 일어나지 않는 경우가 너무 많았기에 미래를 생각하면 불안할 수밖에 없게 됐다는 것입니다.

그렇기에 옛사람은 '할 일만 힘닿는 데까지 하고, 그 일이 이루어지고 안 이루어지고는 천명(天命)에 맡기세요(진인사대천명)'라고 했겠지만, 미래의 사건은 필연과 우연이 중첩되고 중첩되어 일어나기에 천명을 기다릴 이유조차 없습니다. 힘닿는 데까지 하는 것으로 충분합니다. 모든 경우의 수를 본질적으로 계산할 수 없기 때문입니다(유전자의 변이가 일어나는 원인 가운데 하나는 '세포를 구성하는 양자물질의 요동과 도약 그리고 터널링을 통해서 세포의 물질 구조에 변화가 생기기 때문이다'라고 이야기하는 학자도 있을 만큼 물질 그 자체의 변이와 관계망의 변환이 쉼 없이 일어난다는 것입니다).

그러나 미래를 추상하게 된 인류는 불안하지 않은 미래를 만들기 위해(이 또한 장담할 수 없는 일입니다) 현재를 희생하는 것을 기꺼이 선택한 결과라고 할 수 있는데, 삶은 지금 여기서 일어나는 사건들의 흐름밖에 없으므로, 불안한 마음으로 불안하지 않은 미래를 기대한다는 것은 결국 불안을 안내자로 삼는 것밖에 되지 않는다고 하겠습니다.

너무나도 심하게 과거와 미래로 기울여진 마음을 지금 여기로 불러오는 것이 필요한 시대가 됐다는 것입니다. 지금 여기를 살기 위해서는 일어나고 사라지는 마음현상을 있는 그대로 지켜보는 습관을 길러야 합니다. 지켜보는 그 마음은 언제나 지금 여기를 살게 한다고 할 수 있으나, 기억정보가 준비한 미래 이미지에 현혹되는 순간 지금 여기를 잃고 탐욕과 분노와 불안 등으로 흐르기 쉽기 때문입니다.

자기가 만든 영상에 감정이입을 하지 않고 지켜보는 연습이 필요하다는 것입니다. 지켜보다 보면 내부영상과 줄거리의 변화를 있는 그대로 수용하게 되면서, 곧 지금 여기만을 인지하게 되면서(이 상태도 몰입이라고 이야기할 수 있습니다) 현재를 불안해하지 않게 됩니다. 불안하지 않은 현재는 고요하면서도 충만한 기쁨을 상으로 주기도 합니다. 지금 여기를 온전히 살게 될 때 가장 큰 기쁨을 맛볼 수 있다는 것이지요.

카피를 비틀기

현재를 사는 기술은 과거에도 필요했고 현재에도 필요하며 미래에도 필요한 것이기에, 어떤 일을 할 것인가도 중요하지만 예측된 미래의 사건에 맞추어 현재를 소비하는 일을 줄여야 합니다(대부분의 미래 예측은 맞지 않는 경우가 많다고 합니다). 그러기 위해서는 지금의 자기를 좋아하는 훈련이 일차적으로 필요합니다. 좋아할 만한 사건(예를 들어 미래를 잘 준비한 나…)이 있어서 좋아하는 것이 아니라(그렇게 좋아하는 것은 그 사건만 사라지면 자기를 좋아하지 못하게 됩니다) '그냥' 좋아하는 것입니다. 더 나아가 가족과 가까운 사람들까지 그냥 좋아하는 연습을 하는 것입니다.

이 마음은 『법화경』에서 '모든 생명체를 가벼이 여기지 않고 존중하는 것을 수행으로 삼겠다는 원'을 실천하는 보살의 마음과 같다고 하겠습니다. 법화 행자의 눈으로 봤을 때는 '생명제는 언젠가 자신이 부처임을 자각할 때가 올 것'이기 때문입니다.

더구나 제4차 산업혁명(처음에는 인더스트리4.0의 시대가 도래할 것이라고 했던 것이 제4차 산업혁명으로 이름이 바뀌었다고 함) 시대에는 좋은 물건보다 개인의 성향에 맞는 좋은 물건을 만들어 내는 것이 중요한 화두가 될 정도로 각자의 삶이 존중받게 될 것이므로(처음에는 상품을 팔기 위한 일이었다고 해도 결과적으로 각자의 생각과 태도를 존중하는 것이 시대정신이 될 것이므로) 자신을 좋아하고 가족과 가까운 이를 좋아하고 존중하는 마음을 기르는 것이 무엇보다 중요하다는 것입니다.

과잉생산 시대가 생명환경을 위험하게 하는 것은 틀림없지만, 역설적이게도 그렇기 때문에 각자와 공동체의 삶을 위한 생산활동을 하는 산업이 각광을 받게 되는 것처럼, 존중받는 개인이면서 존중하는 개인이 되어야만 하는 시대가 성큼 도래했다는 것입니다. 광고의 문구가 이야기하는 것처럼 "상품을 파는 것이 아니라 행복을 파는 것"이어야, 제4차 산업혁명시대의 산업일 수 있다는 것이며, 그것이 광고에 그쳐서는 살아남기 어렵다는 것입니다.

이 일이 가능한 것은 사람과 사람, 사람과 사물, 사물과 사물의 연결이 가능한 초연결시대에 접어들었기 때문입니다. 곧 각자의 성향을 이해하고 존중하는 마음씀과 생산이 가능하게 된 것은 초연결을 통해 얻게 된 데이터 양이 엄청나게 많아졌을 뿐만 아니라 빅데이터를 처리할 수 있는 알고리즘이 개발되면서 생각하는 기계(사람도 생각하는 기계라고 여겨야 한다는 학자도 있음)의 생각 영역이 확장되었기 때문이라는 것이지요. 생각하는 기계를 활용하여 개인의 취향을 존중하는 생산품을 만들어 개인의 행복감을 증진해야만 하는 시대가 되어 간다는 것입니다.

그렇다 보니, 곧 과거에는 현재가 미래의 행복을 위한 준비기간이었다면(그러다 보니 준비만 하다가 끝나는 것 같습니다), 현재는 지금 여기에서의 행복감이 중요한 시대가 된 것 같으나, 자칫하면 '소비하는 순간 행복이 옵니다'라는 '욜로' 등의 이미지가 젊은이들을 소비로 이끌면서 얇은 지갑을 더욱 얇게 만드는 경향이 있다는 것도 잊어서는 안 될 것입니다.

소비가 줄어들었기에 문제가 있다기보다는 과잉생산이 근본적인 문제라고 할 수 있으므로, 자신을 그냥 좋아하기 위해서는 소비사회의 꼭대기에 있는 거대자본가가 만드는 카피를 비틀 줄 아는 힘도 길러야 한다는 것입니다.

답답한 사람이 되지 않기

니체가 생각의 정점에 있다고 여기는 신이라는 생각을 내려놓을 때 비로소 자신이 자신이 되면서 초인이 될 수 있다고 했던 것처럼, 소비자(이 이름이 소비라는 행위를 했을 때 비로소 개인의 정체성이 확보된다는 무의식의 이미지를 강화하게 됨)라는 이름을 내려놓고, '내 삶을 그냥 좋아하는 나'라는 마음챙김을 강화해야 한다는 것입니다.

이 일은 자코메티의 조각이 들려주는 반전의 이야기처럼 알게 모르게 심어진 허상의 이미지를 빼내야 한다는 것입니다. 우리가 보고 아는 것은 실재가 아니라 해석된 이미지이며, 한 번 해석되면 해석된 이미지를 합리화하는 일이 뇌의 중요한 역할이라는 데서도 소비자라는 이름으로 소비를 합리화하는 경향성을 내려놓을 필요가 있다는 것이지요.

많은 경우 합리적이기 때문에 그 일을 하는 것이 아니라 여러모로 불합리적인데도 그 일을 하는 경우가 많이 있는데, 이때에도 자신 스스로는 그렇게 행동하는 것이 전체적으로는 이익인 것처럼(경제적 이익이든 심리적 이익이든) 합리화되고 있다는 것입니다.

노동의 종말까지는 아니겠지만 노동시간이 줄어드는 추

세가 쉽게 꺾일 것 같지는 않은 시대에 접어들었다는 것은 자신을 알아가는 운동을 할 수 있는 문화시대로의 전환이 급하게 이루어지고 있다는 것을 뜻한다고 할 수 있습니다. 분명히 밝혀진 과학적 사실을 바탕으로 인문운동(생각을 반조하는 능력이 확장된 만큼 생명연대를 실현하는 지혜의 무늬를 만드는 운동)을 해야만 하는 시대로의 전환이 빠르게 이루어지고 있다는 것입니다. 이와 같은 운동을 통해서 생각길을 바꾸어 가지 않는다고 하면, 그냥 시대에 뒤떨어진 생각을 하는 사람이 아니라 답답한 사람이 되기 십상입니다.

많은 경우 인공지능로봇을 인격화하면서(어린아이가 인형을 인격화하듯) 스마트한 친구로 여기는 시대에서, 답답한 사람이 된다는 것이 무엇을 뜻하는지는 분명합니다. 요즘 가전을 광고할 때 스마트한 제품이라는 말을 많이 쓰고 있는데(아직까지는 내 마음을 알아주는 스마트함까지 갖춘 가전이라고 보기는 시기상조인 것 같지만), 알파고라는 바둑기사를 이길 수 있는 사람이 없다는 것이 스마트한 제품이 무엇인가를 대변하고 있다고 하겠습니다. 답답한 남편이나 아내에게 전화하는 것이 아니라 냉장고에 전화할 날이 멀지 않았다는 것이지요.

아직은 시험 중이라고 할 수 있기 때문에 예상보다 일 처리 능력이 부족한 게 많지만(일본의 어떤 호텔에서 안내, 청소 등의 일을 로봇에게 맡겼지만 사람만큼 해내지 못해 상당 부분 다시 사람이 하게 된 것 등) 차츰 답답하지 않을 수 있을 만큼 생각하는 기계의 생각능력과 기능이 향상될 것이 틀림없기 때문입니다. 이 일이 가능하다는 것은 소재나 운영체제의 향상뿐만 아니라 뇌의 인지시스템에 대한 이해가 하루하루 달라지면서 뇌 신경세포의 운용방식에 기반한 생각기계가 만들어지게 될 날이 멀지 않았다는 것을 뜻합니다.

물질분자의 활동 그 자체가 지성활동

현재의 기술들도 어렴풋이나마(꿈속의 산이 산인 줄 알 수 있을 정도로) 꿈을 영상화할 수 있다는 것이 이를 증거한다고 할 수 있습니다. 마음이라는 영상체가 있어 사건·사물을 아는 것이 아니라 뇌와 신체와 환경 간에 유기적으로 주고받는 정보소통인 물리운동이 지성작용이라는 것이며 사건·사물을 아는 마음이 된다는 것이지요.

의식은 실체가 아니라 생명체의 분자들이 유기적으로 작용하는 과정이라는 것입니다. 이런 뜻에서 어떤 뇌과학자는 뇌세포뿐만 아니라 생명체를 이루는 분자들의 활동을 분자지성의 활동이라고 이야기했겠지요. 물질분자가 지성활동을 하는 것이 아니라 물질분자의 활동 그 자체가 지성활동이라는 것으로 물질과 지성의 구분 자체가 성립되지 않는다는 것입니다.

기계가 생각하는 것이 아니라 기계도 생각을 기본으로 할 수 있다는 이야기입니다. 더 나아가 기계에게 자신의 생각을 반조할 수 있는 운영체계를 만들어 준다고 하면, 기계도 자신의 생각에 대한 이유를 말해 줄 수 있겠지요(바둑기사가 알파고가 둔 수에 대한 알파고의 생각을 들을 수 있어 답답하지 않게 된다는 것입니다. 현재는 특수 컴퓨터가 사람의 생각을 읽고 그 내용을 컴퓨터 화면에 띄워 주는 일도 어느 정도까지는 가능하다고 합니다).

시대가 한참 지나면 슈퍼컴퓨터와 같은 칩을 뇌에 심어 뇌의 인공적 진화가 이루어질 것이 분명할 것 같습니다('테슬라'의 일론 머스크 회장이 주장하는 일입니다. 다른 연구자들에 의하면 모자처럼 쓰는 것만으로도 그 일을 할 수 있다고 합니다). 이 일이 이루어진다면, 현재를 기준으로 미래를 생각하는 일이 부질없는 일이 될 것도 같습니다. 그렇게 되면 불필요한 불안을 내재화하는 일도 줄어들 것이 분명할 것이며, 눈이 마음의 창이라는 말도 무색해진다고 하겠습니다(뇌파를 읽고 그것을 언어화하는 컴퓨터의 기능을 생각한다면 그렇다는 것입니다).

예를 들면, 어떤 자동차 회사에서 신차의 이름을 정하기 위해 몇 가지 이름을 사람들에게 보여 준 다음 사람들의 눈동자가 가장 많이 향했던 것으로 신차의 이름을 정했던 경우도 있었지만, 앞으로는 뇌파의 움직임을 살펴 결정을 내리는 일이 많아질 수 있다는 것입니다. 더 나아가 컴퓨터의 처리장치를 만들 때 공학기술자, 물리학자, 생물학자, 뇌과학자 등이 협업을 해서 생물물리적인 처리장치(예를 들어 단백질로 만들어진 처리장치)가 탄생하게 된다면 사물과의 의사소통도 가능해질 것 같기 때문입니다.

초연결

실제로 이런 일들이 어떻게 전개될지는 명확하게 알 수 없지만 사람과 사람과의 연대를 넘어서 사람과 사물과의 연대도 지금과는 완전히 다른 차원에서 이루어질 수 있는 시대에 접어든 것은 어느 정도 확실합니다. 그렇기에 앞서도 말씀드렸지만 마음챙김으로 생각의 유연성을 키워, 힘들이지 않고 사유의 영역을 확장할 수 있는 인식의 토대를 구축하는 일이 무엇보다 필요하다고 하겠습니다.

이 일을 상징적으로 보여 주는 이야기로는 두 쪽으로 된 『자비경』이라는 불교경전이 있습니다. 몇 명의 수행자가 숲속 큰 나무 밑에서 정진할 때 일어난 일입니다. 처음 며칠 동안은 생각대로 정진을 할 수 있었는데, 무엇 때문인지는 알 수 없으나 갑자기 마음집중이 안 될 뿐만 아니라 잠도 편히 잘 수가 없게 됐습니다. 상의 끝에 부처님을 찾아뵙고 이 일을 말씀드리기로 하고, 부처님을 찾아갔습니다. 사연의 전말을 조용히 들으시던 부처님께서 두 쪽의 자비 기도문을 들려주시면서, 진실한 마음으로 외라고 하셨습니다. 그 경의 주된 내용은 '세상에 있는 모든 생명체는 다 행복하여라'라는 것입니다(이 기도문이 『자비경』이라는 이름으로 전승되었기에 오늘날 우리들도 볼 수 있습니다).

이 말씀을 들은 비구수행자들은 부처님의 처소를 나올 때부터 이 기도문을 외면서 수행처로 돌아왔습니다. 그러자 그날부터 마음이 산란하지도 않았고 잠자리도 편안하게 됐습니다. 하루도 쉬지 않고 최소한 아침과 저녁에 한차례씩 진실한 마음으로 '모든 생명체의 행복을 비는 기도문을 윈 결과, 팔정도 수행을 전념할 수 있게 됐으며, 마침내 깨닫게 됐다'는 내용입니다.

너무나도 당연하고 평범한 이야기, 곧 무슨 일을 할 것인가도 중요하지만 그 일과 어떤 마음으로 만날 것인가가 더 중요하다는 것입니다. 자신의 행복감을 증장시키는 데는 내외부의 여러 조건이 관여하는 것이 사실이라고 하더라도 최종적으로는 자신의 해석과 판단이 그 일의 성격을 규정한다고 할 수 있기 때문입니다. 자신과 가족과 가까운 사람들을 그냥 좋아하고 생명체의 행복을 비는 기도가 이어진다면 행복한 미래는 기대되는 사건이 아니라 이미 온 사건이 아닐까 합니다.

청년들의
성과
사랑은?

사랑 — 생각의 양

'생각의 내용 하나하나를 양으로 측정할 수 있을까?'라는 질문에는 선뜻 '그럴 수 없다'라는 대답이 나올 것 같습니다. 그러나 내용의 빈도수나 느낌의 강도가 사람마다 다를 수는 있지만 전혀 헤아릴 수 없는 것이 아니기에 다른 사람의 느낌 등을 어느 정도 공감할 수 있겠지요. 개인의 처지에서도 아픔에 따라 느끼는 무게가 다르다는 것은 하나의 느낌을 다른 느낌과 비교하고 공감한다는 것과 같다는 것이며, 다른 사람의 느낌을 공감한다는 것도 이와 같다는 것입니다.

이런 뜻에서 '생각'(思)을 '생각의 양'(思量)이라고 표현하기도 합니다. 각 개인의 생각마다 고유한 양이 있다는 것이며, 그 양의 발현 양상이 자아의 정체성을 규정한다는 것입니다. 개인이 겪은 경험들을 특정 이미지로 일반화하고(양화하고), 그 속에 의미와 느낌의 빈도수와 무게감을 담아 둔 것이 자신의 정체성을 뜻한다는 것이지요. 자아는 일반화된 경험의 총량과 발현 양상의 빈도수에 따라 양화된 이미지와 같다는 것입니다. 비록 뇌에 자아의식을 일으키는 데 참여하는 몇 개의 영역이 있고, 이들의 융합 작용에 의해 자아의식이 발현된다고는 해도, 자신의 경험치(기억의 조각들)가 만든 '나의 것'이라는 이미지를 통해서 나는 이런 사람이라는 구체적인 자아를 생각할 수 있듯, 느낌 등도 그렇고, 외부의 사건을 해석하는 것 또한 그렇다는 것입니다.

그래서 그런지 사랑의 어원을 '생각의 양'이라고 이야기하는 신문기사를 본 적이 있습니다. 같은 단어를 쓰더라도 사람마다 생각의 색깔과 강도가 똑같을 수 없기 때문에(생각의 지도를 만든다는 것은 유전정보와 환경 그리고 무작위로 배선되는 신경세포의 패턴화라고 할 수 있는데, 이 세 가지가 같을 경우는 확률상 0은 아니라고 하더라도, 결코 일어날 수 없기 때문입니다), 그 단어의 공통적인 양을 측정하는 것이 불가능하더라도, 개인이 쓰고 있는 단어에는 양화가 동반되고 있다는 것입니다. 감각기관을 통해 수용된 정보와 이미 갖추고 있는 기억정보가 질과 양적으로 상호작용하면서 특정한 의미로 묶일 수 있을 만큼 경계를 공유하고 있다는 것입니다. 수용된 정보가 의미를 갖게 되고 해석되는 의식, 무의식적 인지시스템의 작용이 가능한 것도 이 때문이라고 할 수 있습니다(불교에서는 의식을 인식주관인 듯한 의[意]의 인식[識]이라고 정의하면서, 인식된 것은 '의식될 수 있도록 가공된 내부영상'[法]이라고 이야기하고 있습니다).

이와 같은 인지시스템은 진화를 통해서 이루어진 것이며, 진화는 생명의 전 역사가 참여했다고 해도 과언이 아니므로,

개인이 갖고 있는 생각의 양은 정체성을 담보하는 요소이면서 동시에 그것으로 생명의 역사를 현상하고 있는 하나의 사건이 된다고 할 수 있겠지요.

내부를 규정하기도 하는 외부

양화된 개념의 동일성을 전제로 의사소통이 가능하다는 것이며, 그렇다 보니 외부가 내부를 규정한다고도 말할 수 있습니다. 약간 극단적인 예라고도 할 수 있는 톡소포자충을 예로 들어 보겠습니다. 고양이 뱃속을 고향이라고 여기는 톡소포자충이 고양이 뱃속에서 대변 등을 통해 밖으로 나와 쥐의 뱃속으로 들어간 경우입니다. 이 경우 톡소포자충은 쥐의 뱃속에서 살 수밖에 없지만 개체 수가 일정 수 이상으로 늘어나게 되면 쥐의 머릿속으로 들어가 고양이를 두려워하는 부위의 스위치를 끄고 고양이를 이성으로 여길 수 있는 스위치를 켜, 고양이에게 잡혀 먹히도록 유도해 결국에는 고양이 뱃속으로 되돌아가게 됩니다. 이때의 쥐의 생각은 톡소포자충에 의해서 철저히 조정당했다고 할 수 있겠지요.

사람의 생각도 이와 비슷한 경우가 많다는 것입니다. 사랑을 느끼는 생각의 양도 유전자와 학습과 환경 등에 의해서 만들어지기 때문입니다. 동물뿐만 아니라 식물도 그렇습니다. 두레박난초라는 식물은 벌 등을 유인하기 위한 전술의 일환으로 꽃 모양을 그들이 좋아하는 이성 모양으로 만들어서 꽃가루 수분을 수월하게 할 수 있도록 진화됐다고 합니다(어떤 경우는 꽃의 생김새에 따라 곤충의 진화가 이루어지기도 하는데, 전체적으로 보면 육지에 식물이 자리 잡고 나서[약 4억 년 전] 동물의 육지생활이 이루어졌기 때문에[약 3억 6천만 년 전] 동물이 식물을 따라 진화한 경우가 많다고 하겠습니다). 또한 꽃가루 속에는 자기를 찾아온 벌 등이 자기를 자주 그리고 잘 찾아오게 하는 성분이 들어 있으며, 이 성분이 벌 등의 유전자에도 영향을 주어 세대가 갈수록 더 자주 찾게 만든다는 것입니다.

사람 뱃속에서 사는 미생물(사람의 세포 수보다 100배나 많음)도 사람의 느낌과 생각에 영향을 끼친다는 많은 연구결과도 생각이라는 사건을 어떻게 봐야 할 것인가를 다시 묻게 한다고 하겠습니다. 사람의 경우에는 열세 살 정도 되면 생각의 지도가 윤곽을 갖추게 되고 축삭돌기와 수상돌기 사이에 정보를 주고받는 시냅스의 연결망이 미세하고도 왕성하게 조정되면서 사춘기를 맞게 됩니다(만일 정보 전달을 할 수 있는 연결망을 갖추지 못한 시냅스나 가지들은 소멸하게 되므로, 죽을힘을 다해 배선망에 끼어들려는 경쟁이 치열하게 이루어지고 있는 상태가 사춘기라는 것입니다).

그렇다 보니 사춘기의 청소년은 자신도 왜 그렇게 생각하고 행동하는지를 이해할 수 없는 경우가 많습니다(물론 뇌의 역할 가운데 중요한 것이 합리화하는 일이기 때문에 사후적으로 이런저런 이유를 대면서 자기 정당성을 주장하기도 하지만, 배선망의 정비가 거의 끝난 어른에 비해서는 일관성이 결여된 경우가 많습니다). 이 또한 부정적인 것이 아닙니다. 부모가 유전자를 물려줄 때 자신과 다른 배선을 만들 수밖에 없도록 물려주었기 때문이며(이는 나처럼 생각하지 말라는 명령과 같습니다), 이 과정을 통해서 세상을 보고 이해하는 내부의 눈이라고 할 수 있는 자신만의 생각지도를 만들어야 하기 때문입니다.

새로운 생각의 출현 — 앞세대의 생각지도에 구멍 뚫기

이 일이 어느 정도 완성된 단계가 청춘이 시작되는 시기라고 할 수 있습니다. 자신이 의도하지 않았지만('나처럼 생각하지 마'라는 명령에 충실했다고 할 수 있습니다) 청춘이 만든 생각지도에는 기성세대가 갖고 있는 지도와 겹치지 않는 부분이 있습니다. 세대간에 서로 이해되지 않는 부분이 있을 수밖에 없다는 것입니다. 뒷세대가 앞세대의 지도에 구멍을 뚫은 것과 같다고 하겠습니다.

새로운 생각의 흐름이 기존 흐름 속에 끼어든 것이면서 차츰 주류의 흐름이 되어 가는 과정입니다. 그렇기에 어떤 분은 시대의 생각이 바뀌었다는 것은 기성의 생각지도가 세상에서 사라졌기에 가능했다고 이야기했겠지요. 그렇다고 해서 완전히 사라지지는 않습니다. 새로운 세대에 스며들어 다른 흐름을 만들었다고 해야 할 것입니다(세대간에 주고받는 생각의 도약). 뒷세대가 받는 학습이 그것입니다. 그렇지만 생존의 환경이 달라진 만큼 학습의 결과도 다릅니다. 생존환경 가운데 하나가 뱃속 미생물의 세계라고 말씀드렸는데, 전 세계 모든 사람의 유전자가 99.9% 동일한 것과는 달리 뱃속 미생물이 가지고 있는 유전자의 총량은 5%밖에 동일하지 않은 것도 다른 결과를 만들어 낸 이유 가운데 하나라고 할 수 있겠지요.

미생물과 교류하는 무의식적인 생각의 양이 크게 다를 수밖에 없다는 것도 생각의 지도가 다르게 만들어질 수밖에 없는 요소 가운데 하나라는 것입니다. 유전자가 다르다는 것은 생존방식도 다르다는 것이며, 이웃세포와의 접속코드도 다르다는 것이기 때문입니다. 접속의 코드가 달라 접속의 양상이 달라진다는 것은 생각을 달리해야 하는 양도 많아진다는 것을 뜻한다는 것입니다. 그렇기에 진화의 과정도 생각을 달리할 수 있는 유연성을 키울 수밖에 없었을 것이며, 이것이 있기에 시대마다 자신들의 시대정신을 만들면서 살아갈 수 있었을 것입니다. 그럼에도 불구하고 현재는 시대정신을 만드는 조건이 너무나 한정되어 있는 것이 아닌가라는 생각이 들기도 합니다.

시대마다 자신들이 살아가는 시대에 맞는 생각의 양을 적립시키는 데는 다양한 환경과 접속하면서 살아온 윗세대의 학습이 중요한 역할을 했었다고 할 수 있지만, 지금은 그 역할을 핸드폰이 대신한다고 할 수 있기 때문입니다. 그래서 그런지 핸드폰을 쥐여 주는 순간이 학습권력의 이양이 이루어지는 순간이라고 이야기하는 사람도 있습니다.

어린아이의 뇌는 일상으로 진행되는 연속극에는 크게 반응을 보이지 않다가도 광고 화면은 호기심 가득 지켜보게 되는 시기라고 하는데, 이 호기심을 충족시키는 일을 부모가 할 수 없기 때문이라고 합니다. 그리고 그때 익힌 기억정보들이 강도 높게 각인되어 있기 때문에(기억의 강도는 기억의 조각들을 재생시키는 역할을 담당하고 있는 단백질이 단단해진 정도와 전기신호가 가는 배선로의 구조 그리고 시냅스의 크기 등에 따라 정해진다고 합니다. 다만 가소성이 있기 때문에 한번 정해졌다고 해서 변하지 않는 것은 아니지만 쉽게 변하지 않는다는 것을 늘 실감할 것입니다), 개인과 소집단의 고유한 색깔인 다양성이 사라지고 있는 것과 같다는 것이지요.

이 말은 청춘들의 정보네트워크가 전지구적으로 이루어지고 있기 때문에 정보망으로만 보면 하나된 사회처럼 변해 간다고 할 수 있지만, 결과적으로는 정보의 다양성이 사라지는 사회가 되어 간다는 것과도 같다는 것입니다. 이는 지구상에 있는 수천여 종류의 언어 가운데 한 주 만에 하나씩 사라지는 속도보다 더 빠르게 생각의 내용과 양이 비슷해지고 있다는 것을 뜻한다는 것이지요. 생각의 내용과 양뿐만 아니라 지금보다 더 빠른 속도로 국제결혼이 진행되어 사람들의 유전자가 갖는 0.1%의 차이조차 무의미하게 된다면 지구상에 호모사피엔스라는 종이 살아남기가 쉽지 않을 수도 있다고 합니다(비슷한 식생활과 주거 양식에 더해 생각까지 비슷하게 한다는 것은 몸의 면역체계조차 비슷하게 되어 전염병 등에 살아남을 확률이 전체적으로 떨어지기 때문이라고 합니다). 원하든 원하지 않든 기존의 정보네트워크와 공명하면서도 새로운 유형의 정보를 생산해야 하는 시기의 청춘처럼 인류 전체도 다양성을 유지하고 확장해야만 한다는 것입니다.

익숙한 생각의 지도에 구멍을 뚫어야 청춘

익숙한 사유영역에 구멍을 뚫어 자기만의 독특한 정보 해석채널을 만들어 내는 시기가 청춘이라는 것이며, 그렇게 하기 위해서는 직간접으로 다양한 경험과 학습과 사유를 하면서 지혜를 확장시키는 일을 왕성하게 해야 하는 시기도 청춘이라는 것이지요. 더 많은 사람과 정보를 주고받은 것 같지만 해석된 정보 속에 개인차가 없어진다는 것은 상호의존 속에서 진화하는 생명현상과도 어긋난 일이기에, 시대마다 청춘들은 의식적, 무의식적으로 지혜를 확장하여 좁아진 언어 분별을 뛰어넘는 생명 교류를 했었다는 것입니다.

그러나 약 3만 년 동안 리셋되지 않는 뇌가 행하고 있는 생각운동의 양상을 보면 빠르게 변하는 문화적 진화 속도를 따라가기 어려운 상황이 됐으므로 머리에 쥐가 나는 일이 많아졌다고 하겠습니다(그래서 뇌와 AI의 인터페이스로 이 속도를 조율해야 된다고 이야기하는 사람도 있겠지요). 뇌의 진화적 상황으로는 현재 일어나고 있는 과학과 문화적 변화를 따라가기가 어려워 옛이미지 속에 머물러 있는 경우가 많다는 뜻입니다. 그러다 보니 집단지성의 활동에 의해 정보를 해석하고 그 결과를 공유하는 사회적 활동이 커질 수밖에 없다고 하겠습니다.

이는 생명의 진화적 원리와도 상응하는 일입니다. 예를 들어 사람의 유전자 가운데 바이러스 등으로부터 수평이동된 유전자(사람 유전자 가운데 현재 작용하지 않고 있는 부분까지를 포함하면 약 60%, 활발하게 작용하는 유전자만 놓고 보면 약 8%)가 여전히 작용하고 있는 것과 같습니다. 개체의 생명활동은 집단과 생명계의 생명활동과 항상 같이하고 있었다는 것이며, 인류는 이 사실을 본격적으로 인지하게 되었으므로 공유의 영역을 넓히는 것이 필연적인 흐름이 될 수밖에 없다고 하겠습니다.

집단지성 — 함께 사유의 확장을 도모하는 일

집단지성을 실현하는 시민운동이 전 사회적으로 활발하게 일어나고 있는 것 또한 생명체가 걸어왔던 개체진화와 사회진화 가운데 사회진화를 실현하는 일이 된다는 것입니다. 그렇기는 해도 사회진화를 의식적으로 실현하는 문화운동, 곧 의식적인 집단지성의 문화운동 경험이 아직은 일천하기 때문에 개인적으로 또는 집단지성의 일원으로 어떻게 생각하고 어떻게 살아야 할 것인가를 정립하기가 쉽지는 않습니다.

청춘을 지난 세대는 자신들이 겪어 왔던 경험기억을 바탕으로 다가오는 미래를 현재화시키면서 살아간다고 할 수 있으나(이들 세대는 윗세대로부터 전승된 지식을 나침반 삼아 갈 수 있는 조건이 큰 세대였기 때문입니다), 현재의 청춘은 전승된 지식이 만들어 준 기반이 좁은 것과 같기 때문에 집단지성을 통해 지식 기반을 넓히는 일을 병행할 수밖에 없어 생각의 양과 방향을 어떻게 설정할 것인가가 윗세대보다 쉽지 않을 수 있다는 것입니다.

이는 농업시대의 정보운용 방식과 AI를 동반한 4차 산업혁명 시대의 정보운용 방식의 차이라고 할 수 있겠지요. 더 나아가 딥러닝 기술을 통해 컴퓨터가 할 수 있는 영역이 가속도로 넓어지고 있기에(컴퓨터 중앙처리장치의 공능이 커진 만큼 핸드폰이 슈퍼컴퓨터가 되어 가는 속도도 빠르다는 것입니다) 일할 수 있는 기능만으로 자신을 평가하는 잘못된 평가 기준을 내려놓지 못한다고 하면, 잘 살고 있으면서도 잘못 살고 있는 것과 같아 더더욱 쉽지 않을 것입니다.

그렇다고 해서 한 번뿐인 인생이니 지금을 즐기자(욜로)는 것 또한 소비 촉진을 위해 자본 권력이 심어 준 것과 같은 광고 효과일 수 있으니 잘 살펴야 합니다. 미래를 필요 이상으로 불안해할 필요도 없지만 미래를 전혀 준비할 필요가 없다는 생각 또한 길을 잘못 든 것과 같다는 것입니다.

국경이 있지만 생각의 양을 교류하는 양상에서 보면 국경의 의미도 예전과 같지 않고, 생각의 양에는 국경 내부에서 형성된 것보다 국경 외부와의 교류에 의해 형성된 것이 더 많은 시대이다 보니, 상속된 지식을 통해서 미래를 살아가기보다는 자신의 세대가 만든 길을 통해서 미래를 준비해야 하는 것이 지금의 청춘이 맞이하고 있는 처지이기 때문입니다.

이는 15세 전후의 사춘기 청소년의 뇌는 시냅스가 과도하게 많아지기 시작하면서 시냅스의 가지치기도 왕성하게 이루어지고 있으므로(생각길, 특히 전두엽의 생각길이 아직 정비되지 않았다는 것입니다. 25세 정도가 되어야 이 길이 정비된다고 합니다), 곧 이전에 정비된 상과 벌의 생각길이 아침저녁으로 달라질 수도 있으므로, 어른의 처지에서 보면 왜 그런 행동을 하는지 이해되지 않는 일도 많이 일어난다는 것입니다. 어른뿐만 아니라, 청소년 스스로도 왜 그런 생각과 행동을 하는지 이해되지 않는 경우가 많을 정도로 가지치기를 통해 신경망이 정비되면서 자신만의 생각길을 만들어 가는 시기가 청춘이라는 것이지요. 내부적 조건으로만 보면 시냅스의 연결 패턴이 생각의 기반이 되나, 외부적 조건으로 초연결을 통해 지식 네트워크가 하루가 다르게 확장되고 있는 영향도 무시할 수 없기 때문입니다.

초인류로의 관점 이동

앞서 말씀드렸듯이 제4차 산업혁명을 이야기할 때 사람과 사람뿐만 아니라 사람과 사물 그리고 사물과 사물끼리의 연결이 광범위하게 이루어지게 된다는 초연결 이야기가 빠지지 않습니다. 그런데 어떤 물리학자의 말처럼 변치 않는 존재로서의 사물은 본래부터 없고 되어 가는 사건만 있다는 것을 전제한다면, 초연결망 속에 사는 사람은 스스로 새로운 사람이 되어 가는 것을 시시각각으로 경험한다는 말과 같습니다.

AI와 결합해 초슈퍼 뇌를 가진 것과 같게 된 세대는 초인류로서의 새로운 좌표를 설정할 수밖에 없다는 것입니다. 어쩌면 무의식층에서는 이미 생각의 방향성이 달리 설정됐다고도 할 수 있을 것 같습니다. 삼포세대니 N포세대니 하는 말이 이것을 보여 주는 징조라고 할 수 있을 만큼, 사랑과 결혼에 대해서도 이미 관점 이동이 이루어지고 있다는 것입니다. 어른 세대가 보면 이상한 일일 것 같지만 현재의 청춘들에게는 지극히 당연한 관점이 됐다는 것입니다.

사랑이 사량이라는 단어에서 나왔다는 것은 생각 또는 생각의 양은 뇌 신경세포들끼리 주고받는 신호의 강도나 빈도수 그리고 패턴 연결이 특정 의미와 감성으로 해석된다는 뜻입니다. 감수된 정보가 해석된다는 것은 신경세포뿐만 아니라 몸과 몸속 미생물, 더 나아가 환경과의 관계 속에서 포획된 정보에 의미를 부여한다는 것입니다. 그러므로 이 가운데 어느 하나가 변한다는 것은 새로운 의미를 생산하거나 기존의 의미를 수정해야만 한다는 것을 뜻합니다. 시대의 변화에 따라 생각과 생각의 양도 변해 갈 수밖에 없다는 것입니다.

이와 같은 예로는 남성과 여성의 성적 결정을 담당하고 있는 생식세포인 X와 Y의 조합을 들 수 있습니다. XX의 조합은 여성으로, XY의 조합은 남성으로 거의 정해지기 때문입니다. 여기서 거의라고 하는 까닭은 임신 6~7주가 지나 Y염색체에 있는 유전정보 가운데 남성호르몬인 테스토스테론을 방출하세요라는 스위치(SRY)가 켜져야 XY를 가진 아이도 남성이 될 수 있기 때문입니다. 만일 그 시기에 그 스위치가 켜지지 않는다고 하면 XY를 가진 아이도 여성이 되며(이 분의 경우는 후손을 낳을 수 없다고 합니다), 그 스위치가 X에 있는 경우에는 XX도 남성이 된다는 것입니다(XX가 남성인 경우도 2만 5천 명 가운데 한 명씩 있다고 합니다). 또 다른 예로는 다 큰 수컷 쥐에서 SRY 유전자를 제거하면 쥐의 정소가 난소로 변하며, 암컷 쥐에서 여성으로서의 성을 정하는 유전자 가운데 하나인 FOXI2유전자를 제거하면 다 큰 암컷 쥐의 난소가 정소로 변하는 것을 들 수 있습니다. 이와 같은 사실이 뜻하는 것은 어떤 것도 그것 하나로 인연현상을 규정하는 것이 아니라 어떤 조합인가가 다음 현상을 드러나게 한다는 것입니다.

현재 인류의 X와 Y의 유전자 수를 비교해 보면 X의 역할이 현저히 클 수밖에 없다고 합니다. 지금부터 약 1억 5천만 년 전에는 X와 Y의 유전자 수가 2천여 개 이상으로 비슷했다고 하는데, 현재는 X는 여전히 2천 개 이상이나 Y는 200개 미만밖에 남아 있지 않기 때문입니다. 상속된 성염색체의 조합 가운데 이상이 생긴 경우 XX는 이웃 X가 있어서 그 역할을 대신할 수 있었으나, Y의 경우는 발현되지 않는 정보를 대체할 이웃이 없었기에 손상된 정보가 상속될 수 없어, 지금에 이르러서는 X의 10분의 1밖에 남아 있지 않게 됐다는 것입니다. 그렇기 때문에 오랜 세월이 지나고 나서도 Y의 유전정보가 상속될 수 있을까라는 의문이 든다고 합니다. 상속된다는 쪽은 남아 있는 유전자가 필수정보이기 때문에 이 정보는 어떤 식으로든 유전될 것이라고 주장하는 데 반해, 사라질 것이라고 보는 쪽은 필수정보라고 하더라도 진화는 그것을 반드시 남긴다고 이야기할 수 없다는 것입니다. 그리고 사라진 예로 일본에 있는 가시쥐를 들고 있습니다.

예전의 가시쥐는 암컷과 수컷의 수정을 통해서 후손을 생산했지만, Y의 유전정보가 하나둘씩 사라지다가 수컷 가시쥐가 태어나지 않게 되면서, 현재는 암컷 가시쥐 홀로 후손을 생산하면서 살아갈 수 있도록 변했다는 것입니다. 그렇기는 해도 몇 백만 년 뒤에까지 가시쥐가 살아남을 수 있을까는 상당히 회의적이라고 합니다.

유전정보가 있다고 해도 그 정보를 발현하세요라는 것과 같은 장치가 없으면 그 정보가 발현되지 않는 것도 있고, 진화과정에서 변이가 생겨 사라지기도 하며, 작용과정에서 다른 곳과의 상호작용을 어떻게 하는가에 따라 다른 해석이 이루어지듯, 성과 사랑의 감성과 해석도 개인과 시대에 따라 달라질 수 있다는 것입니다. X와 Y의 조합이 XX와 XY만 있는 것이 아니라 XXY, XYY, XXYY, X, Y(이 경우에는 클 수가 없어 성인 가운데는 없다고 합니다. 유전정보가 현저히 적은 것이 원인이 아닌가 합니다), XXXY 등으로 다양하다는 것도 이를 뒷받침한다고 하겠습니다(XXY의 경우에는 650명 가운데 한 명이 있다고 합니다).

성도 결정적이지 않다

착상된 수정란은 남성도 될 수 있고 여성도 될 수 있으나, 수정 후 6~7주가 지나 남성 호르몬이 방출되면 여성성이 퇴화되면서 남성이 되고, 여성 결정 유전자가 작동하면 남성성이 퇴화되면서 여성이 된다는 것은 성 또한 결정적이라고 말하기 어렵다는 것입니다(앞서 말씀드렸듯이 성체가 된 쥐의 성 변화를 보면 더욱 그렇습니다). 더 나아가 남성과 여성으로 커 가면서 뇌의 해석영역과 주고받는 정보의 색깔과 강도에 따라 성에 대한 해석과 반응 양상도 달라진다고 하니, 성이나 성에 대한 감정을 일정한 영역으로만 포획하려고 하는 것은 성의 실상과도 어긋난다고 하겠습니다. 뇌가 커져 가면서 신체 내외부에서 오는 정보를 해석하는 패턴망도 만들어지게 되는데, 이 과정에서 정보를 해석하는 신경망의 연결 양상과 강도에 따라 세상을 해석하는 생각의 지도가 각자 다르게 만들어지기 때문입니다.

생각의 지도는 유전자가 3분의 1, 환경이 3분의 1, 신경세포가 랜덤으로 3분의 1을 결정하므로, 사람마다 생각의 지도가 같을 수 없어, 성과 세상에 대한 해석과 감정 대응도 같을 수 없다는 것입니다. 백지와 같은 마음이 생각하는 것이 아니라(사람의 경우에는 내부영상에 현혹되지 않고 지켜볼 수 있는 능력인 반조하는 능력만을 놓고 보면 백지와 같은 마음 부분이 있는 것 같기도 합니다. 이 또한 진화의 과정에서 생겨난 것입니다), 자신만의 독자적인 생각의 지도를 근거로 생각을 한다는 것이지요. 그렇기는 해도, 곧 생각의 지도를 근거로 수용된 정보를 해석한다고는 해도, 사랑의 감정을 일으키는 데 중요한 역할을 하는 영역인 뇌하수체와 방출된 신경조절물질과 호르몬 등의 조건, 더 나아가 장내 미생물의 조건 등도 생각의 양상을 정하는 데 큰 역할을 하므로, 최종적으로 발현되는 생각의 색깔이 정해졌다고는 할 수 없습니다.

SRY 유전자의 스위치가 켜져 남성 호르몬이 과도하게 방출되는 조건뿐만 아니라 학습 등이 주는 영향도 무시할 수 없다는 것입니다. 신체기관과 생존환경 등이 주고받는 영향의 강도에 따라 성격의 양상도 다르게 될 수 있다는 것이며, 기억정보의 패턴끼리 상호작용하는 양상에 따라 느낌 등이 현상하기 때문에 다른 생각과 느낌을 틀렸다고 말하기 어렵다는 것입니다. XX나 XY라고 해도 일정한 양상으로만 생각할 수 없다는 것입니다. 다양한 성적 지향이 있을 수밖에 없다는 것이지요.

성선택 — 유전자 풀의 다양성을 확보하기

다세포 생명체가 탄생하고 암컷과 수컷이 생겨 성선택을 하게 된 것도 유전자 풀의 다양성을 확보하기 위해서라고 합니다. 약 20분 만에 분열하여 하나의 세포가 두 개의 세포가 되면서 생존을 이어 가는 박테리아도 조건에 따라 자신의 유전자를 밖으로 내보내기도 하고 주변에 있는 유전자(다른 박테리아가 내보낸 유전자)를 취해 자신의 유전자로 만들면서 살아가고 있는 것만 봐도, 곧 암수가 아닌 생물체라고 해서 반드시 같은 유전정보를 상속한다고 할 수 없는 것만 봐도, 생명체는 다양한 유전자 풀을 확보하는 것이 생존에 유리하다는 것을 본능적으로 알았다고 하겠습니다.

인지혁명이 일어나 상상력이 풍부해진 사람의 경우에는 환경과 문화적 배경에 따라 형성된 문화유전자 풀을 공유하고 확장하는 것이 더 중요하다는 내용이 생각의 지도 속에 들어 있다고 할 수도 있습니다. 때문에 이전과 다른 생활방식을 선택하는 것이 생명체가 지금까지 취해 온 생존 양상, 곧 다양성을 확보하려는 생존 양상과 크게 어긋난다고 할 수는 없습니다.

성선택의 경우는 수컷보다는 암컷이 훨씬 신중할 수밖에 없다고 합니다. 사람의 경우에도 첫눈에 반하는 것은 후각을 통해 자신이 갖고 있는 면역세포의 종류와 다른 면역세포 종류를 많이 갖고 있는 남성의 냄새가 좋다고 해석되면서 생긴 느낌이라는 것이며(면역세포의 종류를 많이 확보하는 것이 태어날 후손이 살아날 확률이 높다는 것을 무의식적으로 알아차리고 있는 경우라고 하겠습니다), 잉태 이후로는 여성의 활동이 현저하게 제한될 수밖에 없기 때문에 남성이 경제활동을 충실하게 하는지 하지 않는지를 선택의 기준에 넣는다는 것이 좋은 예라고 할 수 있겠지요. 성선택이란 유전자를 섞어 다양한 유전자 풀을 확보해 생존의 확률을 높이려는 것이기 때문에, 그 조건에 맞는 상대가 호감이 간다는 것입니다.

호감과 비호감

호감이나 비호감이라고 최종 해석이 내려지기 위해서는 굉장히 많은 뇌의 영역이 함께 일해야 합니다. 일례로는 어떤 청년이 뇌의 편도체에 문제가 생겨 그 부분을 들어내는 수술을 하게 됐는데, 수술이 끝난 다음 어머니를 보고서도 자신의 어머니가 아니라고 하면서 어머니를 닮은 분이라고 여기는 것을 들 수 있을 것 같습니다. 그 이유는 기억을 담당하는 영역의 하나인 해마와 감정을 해석하는 회로의 첫번째 영역인 편도체가 이웃해 있어 어머니라는 해석에는 항상 그에 뒤따르는 감정이 함께하는 것이 일반적인데, 편도체를 수술하게 됨으로써 어머니를 보고서도 감정을 해석하는 회로가 작동하지 않게 됐기 때문에 그림 이미지로는 어머니와 같지만 어머니에 대한 감정이 뒤따르지 않아 어머니라고 해석되지 않는다는 것이지요.

이 말이 뜻하는 것은 연애나 결혼 상대를 만나기 전까지는 생물의 본능적 선택이 중요한 요소로 작용한다고 할 수 있으나, 그 다음부터는 사랑하는 감정을 이어 가는 연습이 부족하게 되면 사랑의 연속성을 담보하기가 쉽지 않다는 것입니다.

사랑도 지속적인 연습이 필수다

사람처럼 오래 사는 경우에는 성선택의 시점에서 작동하는 사랑의 시스템과 합이 맞는 선택도 중요하지만, 그 이후로는 사랑하는 마음을 이어 가는 연습이 더 중요하다는 것입니다. 그것은 상대를 '바람 없이 그냥 좋아하는 것'뿐입니다. 자신과 상대에게 바라는 것이 많다는 것은 싫은 감정을 강화하기 위한 조건을 쌓아 가는 것과 같기 때문입니다.

사랑의 감정을 쌓아 가기 위해서는 몸을 잘 보살피는 것이 중요합니다. 자신의 몸뿐만이 아니라 미생물의 마음(?)까지도 잘 살피는 식생활을 하는 것도 그 가운데 하나입니다. 사랑이라는 것이 마음이 독단적으로 하는 일인 것 같지만, 실제로는 우리 몸을 구성하는 우리 세포와 생명공동체를 이루는 미생물과 생활환경이 함께 만드는 생각의 양이기 때문입니다.

몸의 조건이 사랑을 생각하게 하는 양을 조절하기도 한다는 것이며, 사랑을 생각하는 양이 축적된다는 것은 보다 쉽게 사랑할 수 있는 생각의 통로를 강화시키는 것과 같으므로, 바른 식생활과 사랑을 생각하는 양을 늘리는 연습이 중요하다는 것입니다. 그러기 위해서 자신과 가족 그리고 가까운 이들을 그냥 좋아하는 습관을 익혀야 한다고 말씀드렸습니다.

자신도 어제와 오늘이 다르듯(내부적으로 생각의 지도가 변하므로. 어떤 경우는 불과 몇 분 만에도 변하기도 합니다), 가족구성원과 가까운 이들이 갖고 있는 생각의 지도가 다르다는 것을 사무치게 알아 자신의 생각대로 상대가 살아 주었으면 좋겠다는 생각을 가능한 한 적게 하는 연습을 통해 다른 생각과 그에 따른 행동 양상을 있는 그대로 좋아하는 생각통로를 강화하는 훈련이 다른 무엇보다 중요하다는 것이지요.

사랑하기 위해서는 식생활과 더불어 마음챙김 훈련이 중요하다는 것이며, 사랑하는 마음의 양이 많아져야 자신과 가족 그리고 가까운 이들을 사랑하기 쉽다는 것입니다. 사랑하는 사람을 만나고 나서도 자신이 만들어 갖고 있는 생각지도의 운영 방식을 조절하는 연습을 하지 않는다는 것은 사람이 다니지 않아 잡초만 무성하다가 없어지기 직전과 같은 길을 걸어가려는 것과 같다고 하겠습니다.

함께 오래 산다고 해서 사랑의 길이 제 기능을 할 수 없으니, 늘 살펴 쓸데없는 바람으로 사랑의 길을 막는 생각을 하지 않도록 생각의 흐름을 살펴봐야 한다는 것입니다. 이것이 뜻하는 것은 거듭거듭 말씀드렸듯이 스스로와 가족 그리고 가까운 이들을 그냥 좋아하는 마음챙김을 이어 가는 연습만큼 사랑의 양이 커진다는 것을 마음 깊이 새기고 실천해야 한다는 것이며, 청춘이야말로 사랑하는 생각의 양을 늘리는 연습을 본격적으로 해야 하는 시기에 접어들었다는 것을 알아야 한다는 것입니다. 모두들 사랑의 양을 늘려 건강하고 평안하며 행복한 삶을 사시기를 바랍니다.

부록

질의응답

Q 인간이 내일을 생각하면 감성상으로 걱정과 근심이 80%를 차지하게 된 것에는 이유가 있을 것 같거든요. 걱정을 해야지 그 다음을 살아갈 수 있잖아요. 저도 사실 '복수는 나의 힘', '걱정은 나의 힘' 이렇게 살았거든요. 그런 게 있을 때 잠도 빨리 깨고 전투력이 상승하면서, 제가 갖고 있는 힘보다 더 많은 힘을 쓰게 된다고 생각을 했어요.

A 우리 뇌의 여러 영역(신피질만 해도 180개 영역이 있다고 함) 가운데 감정을 해석하는 데 중요한 역할을 하는 영역으로 약 1000만 개의 신경세포로 이루어진 편도체가 있는데, 이들 세포 가운데 80% 이상이 부정적인 생각을 할 때 활발하게 일을 한다고 하며, 20% 미만만이 긍정적인 생각을 할 때 발화된다고 합니다.

세포의 역할이 그렇게 배분된 것은 편도체가 생겼을 때부터(약 2억 5천만 년 전에 생겼다고 합니다) 생존을 위협하는 것들을 만났을 때 느낀 공포감정, 그리고 그것들과 상대해서 살아남기 위한 공격본능 등이 편도체의 중심 역할이었기 때문이라고 합니다.

그러다 보니 약 6~7만 년 전에야 사변적인 사유를 할 수 있게 된(내일 등을 예측할 수 있게 된) 현생 인류가 경험했던 내일은 기억에 의하면 배부름보다는 배고픔이, 안전보다는 위험이 많았던 것 같기에, 현재의 상황이 편도체가 처음 생겼을 때보다 훨씬 배부르고 안정적인 생활 환경임에도 불구하고 내일을 생각하면 여전히 불안할 수밖에 없을 뿐만 아니라 편도체의 해석 경향성조차 불안 쪽으로 기울어져 있으므로 불안한 감정이 더욱 증폭될 수밖에 없다는 것입니다.

예측된 내일을 맞이한 경우도 많았겠지만 그럼에도 불구하고 예측되지 않는 상황이 훨씬 강도 높게 각인될 수밖에 없는 요소가 해석채널에 자리 잡고 있는 데다가, 어린 시기에 불안을 직간접적으로 학습했었기 때문에 상대적으로 내일을 불안하게 맞이하기가 훨씬 쉽다는 것입니다.

예를 들어, 부모님들께서 자녀들의 안전을 위해 "안 돼, 하면 안 돼"라는 말을 많이 할 수밖에 없었다고 해도, 실제로는 "잘했어"라는 말을 "안 돼"라는 말보다 다섯 배 이상 했어야 감정채널이 균형 있게 작동할 수 있는데, 그렇게 하지 않았다는 것입니다. 해서는 안 될 일을 중심으로 내일을 준비하는 학습이 내일을 불안해하는 감정도 키워 가는 것과 같았다는 것입니다. 이렇게 형성된 불안을 신체화된 불안이라고 할 수 있습니다. 불안이 체화됐다는 것은 불안이 작동하는 것을 하루아침에 없앨 수 없다는 뜻입니다. 지금 상태에서 우리가 할 수 있는 것은 가능한 한 빨리 불안한 감정이 발생할 징조를 알아차리는 연습과 일어난 불안을 있는 그대로 지켜보면서 흘러가도록 하는 연습입니다. 일어난 불안에 기름을 붓지 않는 행위입니다. 불안과 걱정이 있기에 준비하는 습관도 형성되겠지만, 습관화된 불안과 걱정은 매일매일을 불안한 오늘로 만드는 일도 된다는 것을 깊이 새겨, 불안해하지 않고 오늘을 보는 마음챙김 연습을 가열차게 해야 한다는 것입니다.

불안 등의 감정이 일어났다는 것은 뇌에 특정 호르몬과 신경조절 물질이 발산됐다는 것인데, 이들 물질은 약 90초간 머물다가 사라진다고 합니다. 그러므로 불안한 감정의 흐름을 90초간 있는 그대로 알아차리면, 곧 불안해하는 자기를 자책하지 말고 그냥 지켜보는 마음챙김을 90초간 하다 보면, 불안의 연료가 재충전되지 않게 되면서 보다 쉽게 안정상태를 유지할 수 있게 된다고 하겠습니다.

Q ‘멈춰서 보고 생각하라’고 할 때, 제가 어떤 일이 일어날 때 최악의 상태를 생각하고 준비하는 건 리스크를 줄이는 건가요, 아니면 불안한 자아를 만드는 건가요?

A 기억은 과거를 회상하려는 것이라기보다는 그것을 토대로 미래를 준비하려는 무의식적 의지라고 할 수 있습니다. 그래서 어떤 학자는 책의 제목을 ‘기억은 미래를 향한다’라고 했겠지요. 경험 지식을 토대로 미래를 생각하는 것, 그것도 최악의 상황을 만들지 않으려는 의지적 행위 그 자체가 불안한 자아를 만든다고 말하기는 어렵다는 것입니다. 생각의 내용은 기억의 여러 패턴들이 융합된 결과이기 때문입니다. 불안이라는 기억 패턴이 개입된 경우에만 불안한 감정이 생각의 내용 속에 들어 있다는 것입니다. 미래를 준비하되 준비된 미래가 반드시 현실화되지 않는 것에 대해서는, 되어 가는 일의 우연들을 누구라도 다 예측할 수 없는 인지의 한계라고 보는 것이 타당하다는 것입니다. 그러므로 일의 결과를 자신의 능력과 결부시키면서 불안해하지 않는 연습이 중요합니다.

어떤 물리학자는 “사물은 존재하지 않고 ‘사건’만이 있다”라는 이야기를 하고 있는데, 그 이유는 사물(존재)이라고 여기는 모든 것들이 우연과 필연의 수많은 관계망 속에서 순간순간

다른 사건으로 되어 가는 흐름만 있기 때문이라는 것입니다.

기대되는 미래의 사건을 사물화하는 생각이 사건의 흐름과 어긋나기 때문에, 기대하고 원하는 마음이 다른 한편으로 불안을 만드는 마음이 될 수도 있다는 것입니다. 그러므로 미래를 준비하되, 준비된 현재의 여건을 수정해야만 할 조건이 생기면 담담하게 그 조건에 따라 다시 준비해 가는 습관을 기를 수밖에 없습니다.

인류가 미래를 예측하게 되면서 내일을 준비하는 역량도 키워 왔지만, 다른 한편 내일을 준비된 대로 맞이하지 못한 경험이 너무나 많았기에, 불안한 감정이 예측행위 속에 깊숙이 자리 잡게 됐다는 것입니다. 그렇기에 미래를 준비하는 현재의 행위만이 자신이 맞고 있는 유일한 삶인 줄을 알아차리면서 그 일을 하는 것이 불안한 자아를 만들지 않는 일이 된다고 하겠습니다.

Q 만들어진 이미지에 현혹하지 않는 지수행의 힘과 이미지의 흐름을 면밀하게 관찰하는 관수행의 힘을 기르려면 정견이 있어야 될 것 같습니다. 정견을 확립할 수 있는 독서를 하고 싶은데, 어떤 책들이 있을까요?

A 정견을 확립하기 위해서는 먼저 과학 책을 많이 읽는 것이 중요하다고 생각합니다. 정립된 과학적 사실은 연구자들의 검증을 통과한 것이기 때문입니다(잠깐 동안은 잘못된 과학 지식이 유통되기도 하지만, 결국에는 과학자들의 검증을 견뎌 내지 못하고 맙니다).

종교와 인문학 등을 공부하는 것도 중요하지만, 그 내용이 검증을 거친 과학적 사실과 어긋난 공부는 자신 스스로도 오랫동안 지속하기가 어려울 것입니다. 어긋난 사실인데도 사실이라고 여기거나 사실일 것이라고 믿는 경우는 확증 편향과 크게 다르지 않겠지요. 옛날에는 권력을 갖고 있는 특정집단이 자신들의 견해와 다르거나 자신들의 권력기반을 해한다고 여기는 가르침을 힘으로 눌러 배우지 못하게도 했지만, 결국에는 사실을 받아들일 수밖에 없었던 것이 이를 증명한다고 하겠습니다.

그렇기에, 20세기 초에 정립되었으며 현대산업기술의 반을 차지하고 있을 정도로 이론과 실재가 잘 융합된 지식정보인

상대성이론과 양자역학, 그리고 생명의 흐름을 이야기하고 있는 진화론과 분자생물학, 나아가 인지의 속사정과 세계해석의 기반을 이야기하고 있는 뇌과학 서적을 읽는 것이 중요하다고 생각합니다.

특히 우리가 보고 듣는 것이 실재하는 외부의 사실을 그대로 보고 듣는 것이 아니라 뇌가 해석한 이미지가 외부화된 것과 같다는 것, 그리고 그렇게 되기까지는 수억 년의 진화과정을 거쳐 인지의 메커니즘이 그렇게 자리 잡았다는 것을 이해하게 되면, 내 마음인데도 왜 내 마음대로 되지 않는가를 알 뿐만 아니라, 많은 경우 쓸데없는 이미지에 의해서 현혹되어 살고 있는 자신과, 지지 않아도 될 짐을 짊어지고서 허덕이고 있는 자신을 보게 될 것입니다.

그러므로 인지시스템을 이해한다는 것은 쓸데없는 짐을 내려놓을 수 있는 인지의 토대를 하나 만드는 것과 같으며, 이와 같은 이해를 기반으로 생각의 힘을 길러 해석의 패턴을 조율할 수 있게 되면 일어나지 않는 사실과 이미 일어난 사건으로부터 발생하는 회한과 불안을 만들지 않게 될 것입니다.

뇌에서 발생하는 해석의 전 과정을 살펴보고자 한다면, 뇌과학을 넘어 진화론과 분자생물학에 대한 이해 없이는 가능하지 않다는 것을 알 것이며, 분자들의 활동은 필연적으로 화학과 양자이론에 대한 독서로 연계될 것입니다.

이와 같은 독서가 정견의 기초를 다지는 일이라고 한다면, 마음챙김수행은 이미 작용하고 있는 뇌의 기억 패턴의 연결구조를 조율하거나 새로운 기억 패턴을 만들어 쓸데없이 지고 있는 짐을 내려놓는 일을 하는 것과 같다고 하겠습니다. 과학적 사실을 바탕으로 인문학을 공부하면서 마음챙김수행을 해야 정견이 확립되고 체화될 수 있다는 것입니다.

Q 저는 청춘으로서 자립을 한다고 할 때에, 제가 열려 있는 것과 제가 저 자신을 정립하는 것 사이에서 되게 헷갈리는 부분이 많거든요. 뭔가 원칙을 만들어 나가다 보면 어느 순간 되게 완고한 중년이 될 것 같아 불안하기도 해서, 자립을 생각하면 고민되는 게 있더라고요. 그래서 그걸 어떻게 받아들여야 할지 궁금합니다.

A 사람은 죽을 때까지 생각과 원칙이 변할 수는 있지만, 약 25살쯤에 어느 정도 완성된 생각의 지도가 그 이후에 발현되는 생각의 토대가 되므로, 각자 고유한 생각의 지도가 만들어지고 난 이후로는 누구라도 완고해지기 쉽다고 하겠습니다. 보편적인 생각처럼 보이지만 보편적이지 않을 수도 있으며, 찬 것을 먹었는가 따뜻한 것을 먹었는가가 다음에 일어나는 생각의 온도를 정하는 데도 관여하도록 생각의 지도가 작동하고 있으므로, 자신의 생각조차 일관성이 없는 것 같겠지요.

그렇지만 그 또한 이미 이루어진 인지의 패턴망에 따라 그렇게 작용하고 있다는 것을 이해해야 할 것입니다. 그러므로 완고한 것을 문제 삼는 것은 문제를 푸는 일차적인 관점이 아닌 것 같습니다. 오히려 자신의 해석 체계를 이해하고, 나아가 다른 사람 또한 그와 같은 인지시스템에 의해서 그렇게 생각하고 있다는 것을 염두에 두는 것이 먼저라는 것입니다. 왜냐하면 하나의 생각이 자리를 잡는다는 것은 그 생각에 관여하는 기억의 자모음이라고 할 수 있는 시냅스의 연결 패턴이 튼튼해졌다는 것을 뜻하기 때문입니다.

연결 패턴을 만드는 특정 단백질이 단단해져야(硬化) 기억의 자모음이 강화되고, 강화된 기억의 자모음이 갖고 있는 패턴이 심상을 만드는 데 쉽게 참여할 수 있다는 것입니다(특정 패턴을 만드는 데 참여하는 단백질이 단단해졌다는 것은 특정 생각을 완고하게 유지할 수 있는 토대를 갖추었다는 것과 같다는 것입니다). 이 일은 누구라도 같은 양상이므로 자신의 생각을 다른 이들이 온전히 이해해 주기를 바랄 것도 없으며, 자신이 다른 사람의 생각을 온전히 이해할 수 없는 것에 대해서도 너무 자책할 필요가 없다는 것입니다.

사람마다 생각의 지도가 다 다르다는 것은 다 다른 식으로 세상과 접속하고 의존하면서 살아야 된다는 것과 같기 때문에, 경제적 자립은 물론이거니와 생각의 자립도 상호의존적이라는 것을 아는 것이 무엇보다 중요합니다. 홀로 선 자립은 의도적으로 관계망을 최소화하면서 살 수 있는 방편을 획득한다는 것인데, 그것은 의존할 수 있는 친구가 하나도 없을 때조차 성립될 수 없다는 것입니다. 우리가 원하는 것은 종속적 의존

관계로부터 벗어나는 것이지 수평적 의존관계조차 만들지 말자는 것은 아닙니다. 수평적 의존관계가 없이는 살 수도 없겠지요. 완전히 홀로 설 수 있는 주체로서 자아는 있을 수 없다는 것입니다. 경제적인 것뿐만 아니라 생각의 지도가 만들어질 때 온갖 인연이 참여하는 것과 같기 때문이며, 그럼에도 불구하고 고유한 색깔의 지도가 되기 때문입니다. 생각 그 자체가 공동체의 인연이면서 개체로서의 색깔이 된다는 것입니다.

그러므로 스스로 자신의 생각을 존중하면서 다른 이들의 생각을 그 자체로 그냥 인정해 주는 생각길을 만드는 연습이 필요합니다. 그러다가 특정 패턴의 완고함이 느슨해지면서 다른 생각길이 만들어지게 되면, 일어나지 않는 미래의 불안을 앞당겨 고민하지 않게 될 것입니다.

Q 저도 가족 때문에 힘들 때가 있는데요. 딸이 있습니다. 그리고 손주도 있는데, 되게 예쁘고 아깝거든요. 자주는 못 만나고 가끔 만나는데, 저는 손주들 생일은 잘 안 챙겨집니다. 생각도 잘 안 나고 관심도 별로 없어서. 그런데 딸은 저에게 생일이라든가 여러 행사 때 꼬박꼬박 봉투를 주고 그러는데, 저는 손주 생일을 잊어먹고 안 챙기기도 합니다. 그러면 엄마는 너무 손주들을 안 챙긴다고 관심 가지시라고 그러는데, 저는 손주들 생일까지 챙기고 싶지는 않거든요. 그래서 딸이 주는 봉투가 별로 반갑지 않습니다. 안 주고 안 받았으면 하는 생각이 드는데 차마 말은 못하고 언제 이걸 실행할까 지금 재고 있거든요. 이럴 때는 어떻게 해야 될까요.

A 어머니께서 딸의 생일을 잘 챙겼듯이 손주 생일은 딸이 잘 챙기면 됩니다. 봉투를 받고 나면 그에 상응해서 손주 생일도 챙겨야 할 것 같아 약간 부담스럽기는 하겠지만, 아무런 부담감 없이 주는 봉투는 잘 챙기십시오. 어차피 그 돈은 딸이나 손주 몫이 될 것이므로, 봉투를 받는 데 대하여 그렇게 마음 쓸 필요가 없다는 것입니다.

자식들을 키우면서 힘든 일이 한두 가지가 아니었겠지만, 자식들이 있었기에 힘듦을 참고 살아가는 동력을 얻기도 했을 것입니다. 자식들은 그것만으로도 부모님께 큰 효도를 했다고 할 수 있습니다. 자식만큼 살아가는 힘이 되는 사람이 얼마나 있겠습니까? 그런 자식이 성인이 되어 손주를 키우게 됐으니 부모로서 자식들의 언덕이 되어 주는 역할도 어느 정도 끝났다고 생각됩니다.

이제부터는 삶의 첫번째 이유로서의 자식을 내려놓고 자신이 삶의 이유가 되는 생활을 할 때가 되었다는 것입니다. 따라서 자식의 생일 챙기듯 손주들의 생일을 챙기지 않으셔도 됩니다. 그리고 자신의 삶을 즐거워하는 것이야말로 딸과 손주들에게 주는 최상의 선물임을 잊지 않았으면 합니다.

Q 저는 혼자 사는 게 참 좋아 부족함을 못 느끼는데도, 뭔가 2% 부족한 것들이 있는 것 같습니다. 다른 분들을 보면 결혼을 하거나 같이 공부를 하거나 동호회를 하면서 2%를 채우고 있는 것 같은데, 저는 공부도 하기 싫고 결혼도 하기 싫고 산도 올라가기 싫습니다. 그럼에도 불구하고 불편한 느낌 없이 인생길을 함께 걸어갈 수 있는 도반이 생길 수 있을까요? 혼자가 좋긴 한데 어느 순간 고독사를 하는 게 저한테는 현실이 될 수도 있겠다는 생각이 들어서 최소한의 느슨한 관계망이라도 있어야 하는 게 아닌가라는 생각과, 그와 같은 관계망을 만들고 유지하는 것이 공부를 안 해도 가능할 수 있을까라는 고민이 있습니다.

A 통계를 보면 혼자 사는 가구의 행복도는 남성보다 여성이 훨씬 높다고 합니다. 통계가 아니더라도 앞으로도 여성들이 혼자 사는 것을 선택할 확률이 훨씬 높을 것 같습니다(원하지 않아도 혼자 사는 남성도 함께 늘어나게 되겠지요). 너무나 상식적이고 상식적인 질문입니다만, 혼자 살기를 좋아하면서 어느 정도까지는 함께 살았으면 좋겠다는 원이 쉽게 이루어질 수 있을까요? 제 생각에는 쉽지 않을 것 같습니다. 왜 혼자이기를 선택했는지는 잘 모르지만, 어쩌면 같이 있었던 사람들의 뜻에 맞추

기 위해 너무나도 자신의 생각을 표현하지 않았을지도 모르겠고, 배려심이 전혀 없는 이웃을 만나 일방적으로 당한 것과 같은 관계가 오랫동안 지속됐을 수도 있고요. 어떤 경우든 혼자 있는 것이 가장 자신답게 사는 방법일 수밖에 없는 생각길이 강하게 만들어졌다고 여겨집니다.

그러다가 2% 부족한 현실이 조금씩 보이다 보니 이런저런 생각도 많아졌겠지만, 2%가 그냥 채워지지는 않을 것 같다는 것입니다. 2% 이상 곁을 내줘야만 한다는 것이지요. 2% 이상 곁을 내주는 것이 너무나 부담스럽다면 다른 관계가 주는 좋은 점에 의해서 자신이 끌리지 않게 될 것이므로, 혼자서 이런저런 공부를 하면서 생각길의 변화가 일어날 때까지는 지금처럼 지내는 것도 나쁘지 않다고 하겠습니다.

일어나지 않은 고독사에 대한 생각은 일어날지도 모를 미래의 불안을 현재로 끌어오는 것에 지나지 않습니다. 미래를 불안해하면서 혼자 사는 즐거움을 잃지 마시라는 것입니다. 그러기 위해서 '일어났고, 일어나고 있으며, 일어날 사건들'이 정해진 것이 아니라 수많은 인연들이 중첩되어 발현됐고, 발현되고 있으며, 발현될 사건들이라는 것을 잘 알고, 제 뜻대로 발현되는 것이 오히려 신기한 일이라고 보는 안목을 길러 가야 합니다.

지금 생각하는 미래의 사건들은 미래에 일어날 사건이 아니라 지금 자기가 만든 추상이미지에 지나지 않는다는 생각을 잊지 말고, 일어나고 사라지는 이미지의 흐름을 있는 그대로 알아차리는 연습이 필요하다는 것입니다. 그러다가 알아차리는 일이 조금 수월해지면, 곧 일어나고 사라지는 이미지에 흔들리지 않으면, 평온하고 좋은 이미지를 의도적으로 떠올려 보는 연습을 하면 됩니다. 이 일이 어느 정도 익어지면 부족한 2%의 일이 슬며시 찾아올 것이며, 그렇게 되면 새로운 관계 맺기가 그렇게 싫지 않게 될 것입니다.

Q 제가 사람들 앞에서는 칭찬을 많이 하기 때문에 사람들이 저보고 긍정적으로 사람을 본다고 얘기하지만 그게 제 본 모습이 아닌 걸 잘 알거든요. 특히 요즘에 사람들이나 상황에 대해서 너무 많은 비판을 하고 있다는 생각까지 듭니다. 그러다 보니 이것 때문에 인간관계를 많이 그르치는 게 아닌가라는 생각도 들고, 상대방에게 말을 잘 하지는 않지만 간혹 물꼬가 틔워지면 논리정연하게 그 사람의 단점을 막 얘기하기도 하는데, 정말 어떻게 해야 될지 모르겠어요. 제가 다른 사람의 단점을 자꾸 보니까 사람들과 관계의 폭을 넓히기가 어려운 것 같아요. 어떤 면에서는 괜찮은 사람인데, 어떻게 해야 하나. 긍정적인 면을 보려고 노력을 해야 되는 건가. 사실 오늘 그런 생각을 했었거든요. 비판하는 사고를 좀 줄였으면 좋겠다고. 그냥 내가 알아차리는 걸로 끝날 게 아닌 것 같아서요. 뭔가 좀 바꿔야 될 것 같은데 어떻게 하면 바꿀 수 있을지.

A 일반적으로 남의 단점을 이야기하면서 자신의 마음이 평온해지거나 기쁘기가 쉽지 않을 것입니다. 지적하는 단점이 분명한 단점이라고 하더라도 단점을 지적하는 자신의 마음 또한 그 단점의 이미지가 갖고 있는 불편한 느낌을 내재화하는 일이

되기 때문입니다.

스스로도 잘 알고 계시겠지만 특별한 관계가 아니라면 말할 필요도 없고 특별한 관계라고 하더라도 되도록 단점을 지적하는 일을 하지 않는 것이 다른 사람과의 관계를 더 불편하게 만들지 않을 뿐만 아니라 자신의 마음을 불편하지 않게 하는 일이 된다는 것입니다. 이것이 뜻하는 것은, 스스로도 남의 단점을 지적하는 일을 하고 싶지 않지만 그 일이 쉽게 이루어지지 않듯, 다른 사람도 그렇다는 것을 먼저 이해하고, 다른 사람의 단점이 보이거나 그것을 지적하고 싶은 마음이 일어나면, 먼저 자신의 단점이 올라온 줄 알아차리면서 순간적으로 생각과 말과 행동을 조율하는 연습이 필요하다는 것입니다. 이때 중요한 것은 자신의 생각을 비난하지 않는 것입니다. 태어나서부터 자신이 의식할 수도 없는 온갖 인연이 개입되어 자신의 생각길이 만들어졌기 때문입니다.

지금은 자신의 생각길을 어느 정도 지켜볼 수 있는 힘이 있으므로, 이 힘을 통해서 일어나고 사라지는 생각(여기서는 지적하려는 생각)을 그냥 지켜보는 연습을 해야 할 때라는 것입니다. 알아차리는 연습을 하더라도 처음에는 큰 힘을 발휘하지 못해 효과가 없는 것 같지만, 연습량이 쌓여 가는 만큼 생각길을 바꿀 수 있는 힘도 내재화되어 가므로 언젠가는 힘들이지 않고 생각과 행동을 조율할 수 있게 될 것입니다.

의식한다는 것은 무언가를 알아차리는 역할만을 하는 것이 아니라 알아차린 내용과 느낌 등이 기억정보층과 기억정보의 발현에도 영향을 주기 때문입니다. 그러므로 특정한 이미지가 발현되거나 발현되지 않기를 바라지 않으면서, 발현된 이미지의 흐름을 온전히 알아차리다 보면, 들뜸 없이 알아차리는 마음작용의 힘도 내재화되므로 마침내 다른 사람의 단점이 보이더라도 그 이미지에 현혹되지 않는 마음을 쓸 수 있게 될 것입니다.

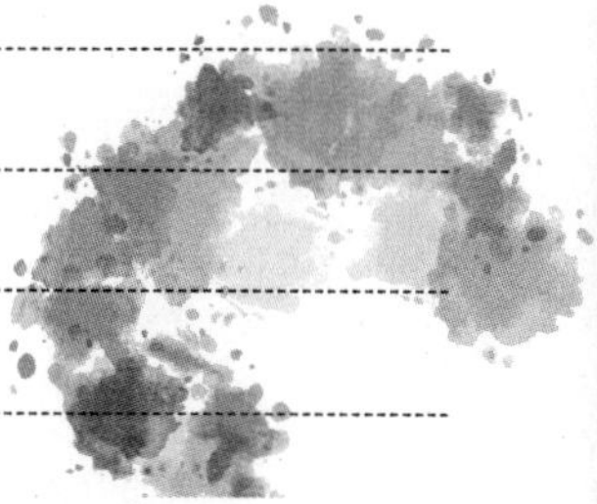